宋 歐陽修 宋 祁 撰

新唐書

第 六 册

卷六一至卷六九（表）

中 華 書 局

唐書卷六十一

表第一

宰相上

唐因隋舊，以三省長官爲宰相，已而又以他官參議，而稱號不一，出於臨時，最後乃有同品、平章之名，然其爲職業則一也。作宰相表。

	宰相	三師	三公
公元618 武德元年戊寅	六月甲戌，趙國公世民爲尚書令，相國長史裴寂拜尚書右僕射知政事；相國司馬劉文靜爲納言；隋民部尚書宋國公蕭瑀、相國司錄參軍竇威並爲內史令。		十二月壬申，秦王世民爲太尉、陝東道行臺尚書令。

年			
	庚辰，世民封秦王。 癸未，世民爲西討元帥；壬辰，爲雍州牧。 辛丑，威薨。將作大匠襲陳國公竇抗本官兼納言，黃門侍郎陳叔達判納言。 八月己丑，世民爲西討行軍元帥。 戊申，文靜除名。 十月，抗罷爲左武候大將軍。		
619 二年己卯	正月甲子，叔達兼納言。 十月己亥，黃門侍郎、涼州總管楊恭仁遙領納言。		
620 三年庚辰	三月甲戌，中書侍郎封德彝兼中書令。		四月甲寅，世民爲益州道行臺尚書令。

621	四年辛巳	正月，德彝判吏部尚書。 四月癸酉，寂爲左僕射〔一〕。		十月己丑，齊王元吉爲司空，世民加司徒、天策上將。
622	五年壬午			十月甲子，世民領左、右十二衛大將軍。
623	六年癸未	四月癸酉，德彝爲中書令；恭仁入爲吏部尚書兼中書令，檢校涼州諸軍事；瑀爲尚書右僕射；寂爲左僕射。		
624	七年甲申	十二月庚午，太子詹事裴矩檢校侍中。		
625	八年乙酉	十一月辛卯，矩罷判黃門侍郎。 庚子，天策府司馬宇文士及權檢校侍中兼太子詹事。 癸卯，世民加中書令，元吉加侍中。		

626 九年丙戌	六月癸亥，世民爲皇太子。七月辛卯，太子右庶子高士廉爲侍中，左庶子房玄齡爲中書令，蕭瑀爲尙書左僕射。恭仁罷。癸巳，士及爲中書令，德彝爲尙書右僕射。十月庚辰，叔達、瑀坐事免。		正月甲寅，裴寂爲司空。二月庚申，元吉爲司徒。六月庚申，元吉誅。
627 貞觀元年丁亥	六月辛丑，德彝薨。壬辰，太子少師蕭瑀爲尙書左僕射。七月壬子，吏部尙書長孫无忌爲尙書右僕射。八月，士及檢校涼州都督。戊戌，士廉貶爲安州大都督。九月辛酉，御史大夫杜淹檢校吏部尙書，參豫朝政。士及罷爲殿中監。十二月壬午，瑀罷。		

628 二年戊子	正月辛亥，兵部尚書杜如晦檢校侍中，攝吏部尚書，仍總監東宮兵馬事。无忌罷。 庚午，刑部尚書李靖檢校中書令。 三月壬戌，靖爲關內道行軍大總管。 七月戊申，玄齡兼太子詹事。 十月庚辰，淹薨。 十二月壬辰，黃門侍郎王珪守侍中。		
629 三年己丑	二月戊寅，房玄齡爲尚書左僕射；杜如晦爲右僕射；尚書右丞魏徵爲祕書監，參豫朝政；靖爲兵部尚書。 八月，靖爲定襄道行軍大總管。 十二月癸未，如晦罷。		正月辛未，寂免。

630 四年庚寅	二月甲寅，珪爲侍中；太常卿蕭瑀爲御史大夫，參議朝政；御史大夫溫彥博爲中書令；民部尚書戴冑檢校吏部尚書，參豫朝政。 七月癸酉，瑀罷爲太子少傅。 八月甲寅，靖爲尚書右僕射。 十一月壬戌，右衛大將軍侯君集爲兵部尚書，參豫朝政。		
631 五年辛卯			
632 六年壬辰	三月，君集以喪罷。 五月，徵檢校侍中。 十月，君集起復。		

633 七年癸巳	三月戊子，珪罷為同州刺史。庚寅，徵為侍中。六月辛亥，胄薨。		十一月壬辰，開府儀同三司長孫无忌為司空。
634 八年甲午	十月丙寅，詔靖三兩日一至門下、中書，平章政事。十一月辛未，靖罷為特進。十二月辛丑，君集為積石道行軍總管。		
635 九年乙未	七月辛巳，恭仁罷為雍州牧〔二〕。十一月壬戌，特進蕭瑀參豫朝政。		二月，无忌以母喪罷。五月，起復。
636 十年丙申	六月壬申，彥博為尚書右僕射，太常卿楊師道為侍中，參豫朝政；魏徵罷為特進，知門下省事，朝章國典，參議得失。十二月，瑀罷為岐州刺史。		
637 十一年丁酉	六月甲寅，彥博薨。		

638 十二年戊戌	七月癸酉，吏部尚書高士廉爲尚書右僕射。 八月戊寅，君集爲吏部尚書；壬寅，爲當彌道行軍大總管。		
639 十三年己亥	正月，玄齡爲太子少師。 十一月辛亥，師道爲中書令。 戊辰，尚書左丞劉洎爲黃門侍郎，參知政事。 十二月壬申，君集爲交河道行軍大總管。		
640 十四年庚子	十二月，君集還。		
641 十五年辛丑			
642 十六年壬寅	正月辛未，中書舍人兼侍郎岑文本爲中書侍郎，專典機密。 九月丁巳，徵罷爲太子太師。		七月戊午，无忌爲司徒，玄齡爲司空。

643	644
十七年癸卯	十八年甲辰
四月乙酉，君集誅。丁亥，師道罷爲吏部尚書。己丑，特進蕭瑀爲太子太保，兵部尚書李世勣爲特進、太子詹事，並同中書門下三品。六月丁酉，士廉爲開府儀同三司、同中書門下三品，平章政事。七月丁酉，玄齡以母喪罷。八月庚戌，工部尚書張亮爲刑部尚書，參豫朝政。十月丁巳，玄齡起復。	八月丁卯，洎爲侍中，文本爲中書令，中書侍郎馬周守中書令。九月，黃門侍郎褚遂良參豫朝政。十一月甲子，世勣、周爲遼東道行軍大總管。
七月丁酉，玄齡以母喪罷。十月丁巳，起復。	

645	十九年乙巳	二月乙卯，士廉攝太子太傅，劉洎、馬周、太子左庶子許敬宗、右庶子高季輔、少詹事張行成同掌機務。 三月壬辰，楊師道攝中書令，无忌攝侍中。 四月丁未，文本薨。 十一月丁亥，師道貶爲工部尚書。 十二月庚申，洎賜死。		
646	二十年丙午	三月己丑，亮誅。 四月甲子，瑀罷太子太保。十月，貶商州刺史。		
647	二十一年丁未	正月壬辰，士廉薨。 三月戊子，世勣爲遼東道行軍大總管。 十月癸丑，遂良以父喪罷。		

年			
648 二十二年戊申	正月庚寅，周薨。 己亥，中書舍人崔仁師爲中書侍郎，參知機務。 丙午，无忌檢校中書令，知尚書、門下三省事。 二月，遂良起復。己卯，仁師除名，流于連州。 九月己亥，遂良爲中書令。		七月癸卯，玄齡薨。
649 二十三年己酉	五月戊午，勣貶疊州都督。 庚午，行成兼侍中，檢校刑部尚書季輔兼中書令，禮部尚書于志寧爲侍中。 癸巳，檢校洛州刺史李勣爲開府儀同三司、同中書門下參掌機密〔三〕。 九月乙卯，李勣爲尚書左僕射、同中書門下三品。		六月癸未，无忌爲太尉。 九月甲寅，荆王元景爲司徒，吳王恪爲司空。

650 永徽元年庚戌	正月丙午，行成爲侍中。十月戊辰，勣罷僕射。十一月，遂良貶同州刺史。		
651 二年辛亥	正月乙巳，黃門侍郎宇文節、中書侍郎柳奭並同中書門下三品。八月己巳，張行成爲尚書右僕射、同中書門下三品，高季輔爲侍中，志寧爲尚書左僕射、同中書門下三品。		
652 三年壬子	正月己巳，褚遂良爲吏部尚書、同中書門下三品。三月辛巳，節爲侍中，奭守中書令，兵部侍郎韓瑗守黃門侍郎同中書門下三品。七月乙丑，行成兼太子少傅，季輔兼太子少保，志寧兼太子少師，節兼太子詹事。九月，守中書侍郎來濟同中書門下三品。		

653 四年癸丑	二月乙酉，節流桂州。 九月甲戌，遂良爲尚書左僕射、同中書門下三品，仍知選事。 壬戌，行成薨。 十一月癸丑，兵部尚書崔敦禮爲侍中。 丁巳，奭爲中書令。 十二月庚子，季輔薨。		二月甲申，荆王元景、吳王恪賜死。 己亥，開府儀同三司、同中書門下三品勣爲司空，徐王元禮爲司徒。
654 五年甲寅	六月癸亥，奭罷爲吏部尚書。		
655 六年乙卯	五月壬辰，瑗爲侍中，濟爲中書令。 七月乙酉，敦禮爲中書令；中書舍人李義府守中書侍郎，參知政事。 九月庚午，遂良貶潭州都督。 十月癸丑，敦禮檢校太子詹事。		

656 顯慶元年丙辰	正月甲申，志寧爲太子太傅，瑗、濟並罷太子賓客。 三月丙戌，戶部侍郎杜正倫爲黃門侍郞、同中書門下三品。 七月癸未，敦禮爲太子少師、同中書門下三品。 八月丙申，敦禮薨。		
657 二年丁巳	三月癸丑，義府兼中書令，兼檢校御史大夫，仍太子賓客；正倫兼度支尚書。 八月丁卯，瑗貶振州刺史，濟貶台州刺史。 辛未，衞尉卿許敬宗爲侍中。 九月庚寅，正倫兼中書令。		
658 三年戊午	十一月乙酉，正倫貶橫州刺史，義府貶普州刺史。 戊子，敬宗權檢校中書令。		

中。

戊戌，敬宗爲中書令，大理卿辛茂將兼侍

四月戊辰，无忌爲揚州都督，黔州安置。

659

四年己未

四月丙辰，志寧爲太子太師、同中書門下三品。

乙丑，守黃門侍郎許圉師兼檢校左庶子、同中書門下三品。

戊辰，志寧免。

五月己卯，圉師爲中書侍郎同三品。

丙申，兵部尚書任雅相同中書門下三品，度支尚書盧承慶參知政事。

八月壬子，義府兼吏部尚書、同中書門下三品。

九月癸卯，茂將兼左庶子。

十月甲辰，圉師兼右庶子。

十一月丙午，圉師爲左散騎常侍，檢校侍中。

戊午，茂將薨。

癸亥，承慶同中書門下三品。

660	五年庚申	七月丁卯，承慶免。
	龍朔	
661	元年辛酉	四月庚辰，雅相爲浿江道行軍總管。
662	二年壬戌	二月甲戌，雅相薨。 丙戌，敬宗爲右相；國師爲左侍極，檢校左相。 七月戊戌，義府以母喪罷。 八月壬寅，敬宗爲太子少師、同東西臺三品，仍知西臺事。 九月丁丑，義府起復。 十月庚戌，西臺侍郎上官儀同東西臺三品。 十一月辛未，國師貶爲虔州刺史。
663	三年癸亥	正月乙丑，義府爲右相。 四月戊子，義府流于巂州。

664 麟德元年甲子	八月丁亥，司列太常伯劉祥道兼右相；大司憲竇德玄爲司元太常伯，檢校左相。 十二月丙戌，儀被殺。 戊子，祥道罷爲司禮太常伯。太子右中護樂彥瑋檢校西臺侍郎，西臺侍郎孫處約，並同知軍國政事，尋同東西臺三品。		
665 二年乙丑	三月甲寅，司戎太常伯姜恪同東西臺三品。 四月戊辰，彥瑋、處約並罷，左侍極陸敦信檢校右相。 十月壬戌，帶方州刺史劉仁軌爲大司憲兼知政事，檢校太子左中護。		
666 乾封元年丙寅	四月庚戌，敦信罷爲大司成。 七月庚午，仁軌兼右相，檢校右中護。 八月辛丑，德玄薨。 十二月癸酉，勣爲遼東道行軍大總管。		

667	二年丁卯	六月乙卯，西臺侍郎楊武戴至德、東臺侍郎李安期、司列少常伯趙仁本並同東西臺三品。東臺舍人張文瓘參知政事。八月辛亥，安期罷為荊州大都督長史。		
668	總章元年戊辰	正月壬子，仁軌為遼東道行軍副總管兼安撫大使、浿江道行軍總管。四月辛巳，武薨。十二月甲戌，恪檢校左相，司平太常伯閻立本守右相。是歲，勣加太子太師。		
669	二年己巳	二月辛酉，文瓘為東臺侍郎，右肅機李敬玄為西臺侍郎，並同東西臺三品。三月丙戌，東臺侍郎郝處俊同東西臺三品。		十二月戊申，勣薨。

670 咸亨元年庚午	正月丁丑，仁軌以金紫光祿大夫致仕。三月壬辰，敬宗以特進致仕。四月己酉，敬玄以喪免。七月戊子，敬玄起復。閏九月甲寅，恪爲涼州道行軍大總管。十月乙未，仁本罷爲左肅機。		
671 二年辛未	恪爲侍中，立本爲中書令。		九月丙申，徐王元禮薨。
672 三年壬申	二月己卯，恪薨。十月，文瓘爲大理卿。乙亥，至德爲戶部尚書，敬玄吏部侍郎，處俊中書侍郎。十二月，劉仁軌爲太子左庶子、同中書門下三品。		

673 四年癸酉	十月壬午，立本薨。		
674 上元元年甲戌	二月壬午，仁軌爲雞林道行軍大總管。		
675 二年乙亥	八月庚子，文瓘爲侍中，處俊爲中書令，並同中書門下三品。仁軌爲尚書左僕射，至德爲右僕射，敬玄爲吏部尚書。		
676 儀鳳元年丙子	三月癸卯，黃門侍郎來恆、中書侍郎薛元超並同中書門下三品。 四月甲寅，中書侍郎李義琰同中書門下三品。 六月癸亥，黃門侍郎高智周同中書門下三品。 十一月庚寅，敬玄爲中書令。 十二月丙午，恆爲河南道大使，元超河北道大使。		

677	二年丁丑	三月癸亥，處俊、智周爲太子左庶子，義琰爲右庶子。 四月，太子左庶子張大安同中書門下三品。 八月辛亥，仁軌爲洮河軍鎮守使。		
678	三年戊寅	正月丙子，敬玄爲洮河道行軍大總管兼安撫大使，檢校鄯州都督。 九月癸亥，文瓘薨。 十一月壬子，恆薨。		
679	調露元年己卯	正月庚戌，至德薨。 四月辛酉，處俊爲侍中，元超檢校太子左庶子。 十一月戊寅，智周罷爲御史大夫。		

680	永隆元年庚辰	四月戊辰，中書侍郎王德眞、黃門侍郎裴炎、崔知溫並同中書門下三品。 八月丁巳，敬玄貶衡州刺史。 己巳，大安貶普州刺史。 九月甲申，德眞罷爲相王府長史。	
681	開耀元年辛巳	三月辛卯，仁軌兼太子少傅，處俊罷爲太子少保。 七月甲午，仁軌罷左僕射，以太子少傅同中書門下三品。 閏七月丁未，元超、知溫並守中書令，炎爲侍中。	
682	永淳元年壬午	四月丙寅，仁軌爲京副留守，元超、炎留輔皇太子。 丁亥，黃門侍郎郭待舉、兵部侍郎岑長倩、祕書員外少監郭正一、吏部侍郎魏玄同並與	

中書門下同承受進止平章事。

十月丙寅，黃門侍郎劉景先同中書門下平章事。

683

弘道元年癸未

三月庚子，義琰以銀青光祿大夫致仕。

癸丑，知溫薨。

四月壬申，待舉檢校太子右庶子，正一爲中書侍郎，並同中書門下平章事。

七月甲辰，元超罷。

十一月戊申，炎、正一、景先兼於東宮平章事。

十二月甲戌，仁軌罷爲左僕射、京師留守，炎爲中書令。

戊寅，景先守侍中，長倩兵部尙書，待舉左散騎常侍，玄同黃門侍郎，並同中書門下三品。

癸未，正一罷爲國子祭酒。

十二月庚午，韓王元嘉爲太尉，霍王元軌爲司徒，舒王元名爲司空。

光宅

元年甲申

正月癸巳，左散騎常侍韋弘敏爲太府卿、同中書門下三品。

二月丁丑，檢校豫王府長史、太常卿王德眞爲侍中。中書侍郎、豫王府司馬劉禕之爲中書侍郎、同中書門下三品。

閏五月甲子，禮部尙書武承嗣爲太常卿、同中書門下三品。

八月丙午，承嗣罷爲禮部尙書。

十月丁亥，鳳閣舍人李景諶同鳳閣鸞臺平章事，左肅政臺御史大夫騫味道檢校內史、同鳳閣鸞臺三品。

丙申，炎被殺。

丁酉，景先貶辰州刺史，弘敏貶汾州刺史，景諶罷守司賓少卿。守右史沈君諒、著作郎崔詧並爲正諫大夫、同鳳閣鸞臺平章事。

十一月丁卯，待舉罷爲左庶子。鸞臺侍郎韋方質守鳳閣侍郎、同鳳閣鸞臺平章事。

685

垂拱元年乙酉

正月戊辰，仁軌薨。

庚戌，味道守內史、同三品。

二月乙巳，承嗣同鳳閣鸞臺三品。君諒罷。右肅政臺御史大夫韋思謙、秋官尚書裴居道並同鳳閣鸞臺三品。

三月辛酉，承嗣罷，督使河北，罷。

四月丙子，味道貶青州刺史。

五月丙午，居道爲內史。

丁未，德眞罷爲同州刺史，其日流象州。

己酉，冬官尚書蘇良嗣守納言。

壬申，方質同鳳閣鸞臺三品。

六月，天官尚書韋待價同鳳閣鸞臺三品。

十一月丙辰，元嘉自殺，元軌流黔州。

	七月己酉，玄同自文昌左丞遷鸞臺侍郎。十一月癸卯，待價爲燕然道行軍大總管。		
686 二年丙戌	三月丙辰，玄同爲地官尚書。四月庚辰，長倩爲內史。五月丙午，居道爲納言〔四〕。六月辛未，良嗣守文昌左相、同鳳閣鸞臺三品，待價守文昌右相。己卯，思謙守納言。		
687 三年丁亥	三月乙丑，思謙以太中大夫致仕。四月壬戌，居道爲納言。五月丙寅，夏官侍郎張光輔爲鳳閣侍郎、同鳳閣鸞臺平章事。庚午，褘之被殺。八月壬子，玄同兼檢校納言。十二月壬辰，待價爲安息道行軍大總管。		

688 四年戊子	九月丁卯，左肅政臺御史大夫騫味道、夏官侍郎王本立並同鳳閣鸞臺平章事。 丙辰，光輔爲諸軍節度，長倩爲後軍大總管，討越王貞。 十二月己亥，味道被殺。		
689 載初元年己丑	二月甲寅，方賓守地官尚書。 三月甲寅，本立守左肅政臺御史大夫。 甲子，光輔守納言。 癸酉，天官尚書武承嗣爲納言，光輔守內史。 五月丙辰，待價爲安息道行軍總管。 七月丙子，待價流繡州。 戊寅，本立同鳳閣鸞臺三品。 八月甲申，光輔被殺。 閏九月甲午，玄同被殺。		正月丁巳，元名爲司徒。

十月丁卯，春官尚書范履冰、鳳閣侍郎邢文偉並同鳳閣鸞臺平章事。

天授元年庚寅

一月戊子，承嗣爲文昌左相，長倩爲文昌右相並同鳳閣鸞臺三品。良嗣爲特進，本立罷爲地官尚書，文偉守內史，鳳閣侍郎武攸寧納言，居道爲太子少保。

甲午，方質流于儋州。

三月丁亥，良嗣薨。

四月丁巳，履冰被殺。

八月甲寅，居道下獄死。

九月丙戌，給事中傅游藝爲鸞臺侍郎、同鳳閣鸞臺平章事，司賓卿史務滋守納言，鳳閣侍郎宗秦客檢校納言。

十月甲子，秦客貶遵化尉。

辛未，文偉貶珍州刺史。

七月辛巳，元名流和州。

691
二年辛卯

一月庚子，務滋自殺。
五月丁亥，長倩爲武威道行軍大總管。
六月庚戌，鸞臺侍郎樂思晦，鳳閣侍郎任知古，左肅政臺御史大夫格輔元爲地官尚書，並同鳳閣鸞臺平章事。
癸卯，長倩爲輔國大將軍。
八月戊申，攸寧罷爲左羽林衞大將軍。夏官尚書歐陽通爲司禮卿，兼判納言事。
九月壬辰，游藝自殺。
癸巳，攸寧守納言，冬官侍郎裴行本，洛州司馬狄仁傑守地官侍郎，並同鳳閣鸞臺平章事。
十月己酉，長倩、輔元、通被殺。
壬戌，思晦被殺。

692

長壽

元年壬辰

一月戊辰，夏官尚書楊執柔同鳳閣鸞臺平章事。

庚午，知古貶江夏令，行本流嶺南，仁傑貶彭澤令。

庚辰，司刑卿李游道爲冬官尚書、同鳳閣鸞臺平章事。

二月戊午，秋官尚書袁智弘同鳳閣鸞臺平章事。

八月戊寅，承嗣罷爲特進，攸寧罷爲冬官尚書，執柔罷守地官尚書。司賓卿崔神基、秋官侍郎崔元綜、夏官侍郎李昭德、權檢校天官侍郎姚璹、守容州都督檢校地官侍郎李元素並同鳳閣鸞臺平章事。

辛巳，營繕大匠王璿守夏官尚書、同鳳閣鸞臺平章事。

九月辛丑，璹罷爲司賓少卿。
癸丑，游道、智弘、神基、元素、璿並流嶺南。

693

二年癸巳

一月庚子，夏官侍郎婁師德同鳳閣鸞臺平章事。
乙卯，昭德爲夏官侍郎。
九月癸丑，文昌右丞韋巨源，秋官侍郎陸元方爲鸞臺侍郎，並同鳳閣鸞臺平章事。司賓卿豆盧欽望守內史。

694

延載
元年甲午

二月甲午，師德爲秋官尚書，充河源、積石、懷遠等軍營田大使。
三月甲申，昭德爲檢校內史，鳳閣舍人蘇味道爲鳳閣侍郎、同鳳閣鸞臺平章事，昭德爲朔方道行軍長史，味道爲司馬。

四月壬戌，夏官尚書、武威道大總管王孝傑同鳳閣鸞臺三品。
七月癸未，嵩岳山人武什方爲正諫大夫、同鳳閣鸞臺平章事。
八月，什方乞歸山，遣之。
戊辰，孝傑爲瀚海道行軍總管。
己巳，姚璹守納言，左肅政臺御史大夫楊再思爲鸞臺侍郎，洛州司馬杜景佺檢校鳳閣侍郎，並同鳳閣鸞臺平章事。
戊寅，元綜流于振州。
九月壬寅，昭德貶南賓尉。
十月壬申，文昌右丞李元素守鳳閣侍郎，右肅政臺御史中丞周允元檢校鳳閣侍郎，並同鳳閣鸞臺平章事。

695 萬歲登封元年乙未	正月戊子，欽望貶趙州刺史，巨源鄜州刺史，景佺溱州刺史，味道集州刺史，元方綏州刺史。 丙午，孝傑爲朔方道行軍總管。 二月丙辰，允元薨。 七月辛酉，孝傑爲肅邊道行軍大總管。		
696 萬歲通天元年丙申	一月甲寅，師德爲左肅政臺御史大夫、肅邊道行軍總管。 三月壬寅，孝傑免。 四月癸酉，檢校夏官侍郎孫元亨同鳳閣鸞臺平章事。 庚子，師德貶原州司馬。 七月辛亥，璹爲楡關道安撫副大使。 九月庚申，并州長史王方慶爲鸞臺侍郎，殿中監李道廣，並同鳳閣鸞臺平章事。 十月己卯，方慶爲鳳閣侍郎。		

697

神功元年丁酉

正月壬戌，元素、元亨被殺。

甲子，師德守鳳閣侍郎、同鳳閣鸞臺平章事。

四月癸酉，前益州大都督府長史王及善爲內史。

五月癸卯，師德爲淸邊道行軍副大總管。

六月己卯，尙方少監宗楚客檢校夏官侍郎、同鳳閣鸞臺平章事。

戊子，承嗣、春官尙書武三思並同鳳閣鸞臺三品。道廣兼檢校洛州長史。

辛卯，師德安撫河北。

七月丁酉，承嗣、三思並罷。

八月丙戌，璹罷爲益州長史。

庚子，仁傑兼納言，三思檢校內史〔五〕，欽望自太子宮尹爲文昌右相、同鳳閣鸞臺三品。

九月甲子，攸寧同鳳閣鸞臺三品〔六〕。

戊寅，仁傑爲河北道副元帥，檢校納言〔七〕。

庚戌，師德守納言。

十月癸卯，仁傑爲河北道安撫大使〔八〕。

閏十月甲寅，仁傑爲鸞臺侍郎，景佺爲鳳閣侍郎，並同鳳閣鸞臺平章事。

聖曆

元年戊戌

正月丙寅，楚客罷爲文昌左丞。

丁亥，道廣罷爲汴州刺史。

二月乙未，欽望罷爲太子賓客。

三月甲戌，師德爲納言〔九〕。

四月辛丑，師德爲隴右諸軍大使，仍檢校河西營田事。

七月辛未，景佺罷爲秋官尚書。

八月甲午，方慶罷爲麟臺監，修國史。

庚子，三思檢校內史，仁傑兼納言。

九月甲子，夏官尚書武攸寧同鳳閣鸞臺三品。

戊寅，仁傑爲河北道行軍副元帥，檢校納言。

辛巳，試天官侍郎蘇味道爲鳳閣侍郎、同鳳閣鸞臺平章事。

十月癸卯，狄仁傑爲河北道安撫大使。夏官侍郎姚元崇、麟臺少監監修國史、知鳳閣侍郎李嶠，同鳳閣鸞臺平章事。

699

二年己亥

臘月戊子，檢校左肅政臺御史中丞吉頊爲天官侍郎，右臺魏元忠爲鳳閣侍郎，並同鳳閣鸞臺平章事。

二月庚申，武攸寧罷爲冬官尚書。

三月甲戌，師德爲納言。

四月壬辰，魏元忠檢校幷州大都督府長史、天兵軍大總管，師德副之。

壬寅，師德充隴右諸軍大使。

八月庚子，再思罷爲左肅政臺御史大夫。及善爲文昌左相、同鳳閣鸞臺平章事，太子宮尹欽望爲文昌右相、同鳳閣鸞臺三品。

丁未，師德薨。試天官侍郎陸元方爲鸞臺侍郎、同鳳閣鸞臺平章事。

戊申，三思爲內史。

九月庚辰，及善薨。

700

久視

元年庚子

正月戊午，頊貶琰川尉。

壬申，三思罷爲特進、太子少保。

丁酉，狄仁傑爲內史。

庚子，文昌左相韋巨源爲納言〔10〕。

二月乙未，欽望罷爲太子賓客。

三月癸丑，元忠兼洛州長史。

辛未，嶠守鸞臺侍郎兼修國史。
甲戌，頊加左控鶴內供奉。
六月丁亥，元忠為左肅政臺御史大夫。
閏七月己丑，嶠罷為成均祭酒。守天官侍郎張
錫為鳳閣侍郎、同鳳閣鸞臺平章事。
八月庚戌，元忠為隴右諸軍州大總管。
九月辛丑，仁傑薨。
十月辛亥，元忠為蕭關道行軍大總管。
丁巳，巨源罷為地官尚書。文昌右丞韋安
石守鸞臺侍郎、同鳳閣鸞臺平章事。

701
長安
元年辛丑

二月己酉，鸞臺侍郎李懷遠同鳳閣鸞臺平章
事。
三月己卯，元崇為鳳閣侍郎。
丙申，錫流循州。

四月癸丑，元崇往幷州以北檢校諸軍州兵馬。
五月丁丑，元忠爲靈武道行軍大總管。
丙申，天官侍郎顧琮同鳳閣鸞臺平章事。
六月庚申，元崇兼知夏官尚書事，夏官侍郎、右奉宸內供奉李迥秀同鳳閣鸞臺平章事。
七月壬午，味道充使往幽、平等州按察兵馬。
甲申，懷遠罷爲秋官尚書。
十月丙寅，元忠同鳳閣鸞臺三品，兼羣牧大使。
十一月壬申，三思罷爲特進、太子少保〔二〕。
甲午，元崇加相王府長史，安石加檢校太子左庶子。

702 二年壬寅	三月丙戌，迥秀充使山東諸州安置軍馬幷檢校武騎兵。 五月，元忠爲安北道行軍副元帥，尋授幷州道行軍大總管兼宣勞使、左肅政臺御史大夫、同鳳閣鸞臺三品兼知幷州事。 十月甲辰，琮薨。 甲寅，元崇同鳳閣鸞臺平章事，味道、迥秀、安石並同鳳閣鸞臺三品。 十二月甲午，元忠爲安東道安撫使。		十一月甲子，相王旦爲司徒。
703 三年癸卯	閏四月庚午，嶠兼左丞、同鳳閣鸞臺平章事。 丁丑，安石爲神都留守，判天官、秋官二尚書事。 己卯，嶠知納言事。 五月戊戌，元忠兼左庶子。		四月庚子，相王旦罷。

七月壬寅，正諫大夫朱敬則同鳳閣鸞臺平章事。

庚戌，檢校涼州都督唐休璟爲夏官尚書、同鳳閣鸞臺平章事。

九月丁酉，元忠貶高要尉。

四年甲辰

正月壬子，天官侍郎韋嗣立爲鳳閣侍郎、同鳳閣鸞臺三品。

二月癸亥，迥秀貶廬州刺史。

壬申，敬則致仕。

三月己丑，嗣立檢校汴州刺史。

己亥，貶味道坊州刺史。夏官侍郎宗楚客同鳳閣鸞臺平章事，休璟行右庶子。

四月壬戌，安石知納言事，嶠知內史事。

六月辛酉，元崇罷爲相王府長史，一事以上並同三品。

乙丑，天官侍郎崔玄暐爲鸞臺侍郎、同鳳閣鸞臺平章事。嗣立追赴宮所。

丁丑，嶠爲成均祭酒、同鳳閣鸞臺三品。

壬午，元崇兼知夏官尚書、同鳳閣鸞臺三品。

七月丙戌，左肅政臺御史大夫楊再思守內史。

甲午，楚客貶原州都督。

八月甲寅，安石兼檢校揚州長史。

庚申，休璟兼幽營二州都督、安東都護。

辛酉，元崇兼知春官尚書。

庚辰，元崇爲司僕卿。

九月壬子，元之知羣牧使，兼攝右肅政臺御史大夫、靈武道行軍大總管。

十月辛酉，元之爲靈武道安撫大使，權檢校左臺大夫。
甲戌，判秋官侍郎張柬之同鳳閣鸞臺平章事。
乙亥，嗣立檢校魏州刺史。
壬午，懷州長史房融爲正諫大夫、同鳳閣鸞臺平章事。
十一月丁亥，天官侍郎韋承慶行鳳閣侍郎、同鳳閣鸞臺平章事，柬之守鳳閣侍郎。
癸卯，嶠罷爲地官尙書，監修國史。
丁未，玄暐兼檢校太子右庶子。
十二月丙辰，嗣立罷爲成均祭酒。

705

神龍元年乙巳

正月甲辰，司刑少卿袁恕己爲鳳閣侍郎、同鳳閣鸞臺平章事。

丙午，安國相王爲太尉、同鳳閣鸞臺三品。

庚戌，玄暐守內史。左羽林將軍敬暉、檢校左羽林將軍桓彥範並爲納言。柬之爲天官尚書。恕己爲鳳閣侍郎，並同鳳閣鸞臺三品。

二月甲寅，再思爲戶部尚書、同中書門下三品。元之罷爲豪州刺史〔三〕，韋承慶貶高要尉，融除名，流高州。

甲戌，太子少詹事祝欽明同中書門下三品，安石罷爲守刑部尚書。

三月己丑，恕己守中書令。

四月辛亥，恕己爲中書令，彥範爲侍中，柬之爲天官尚書。

丁卯，元忠爲衞尉卿、同中書門下平章事。

正月丙午，安國相王爲太尉。

二月丙寅，梁王武三思爲司空、同中書門下三品。

丁卯，右散騎常侍武攸暨爲司徒。

辛未，安國相王讓太尉、同三品。

丁丑，三思、攸暨罷。

辛未，暉爲侍中。

甲戌，元忠爲兵部尚書，安石爲吏部尚書，懷遠爲左散騎常侍，休璟自涼州入爲輔國大將軍，並同中書門下三品。再思檢校揚州大都督。玄暐爲特進，檢校益州大都督府長史，同中書門下三品。欽明守刑部尚書。

乙亥，柬之爲中書令、同中書門下三品。

五月甲午，安石兼檢校中書令。玄暐罷爲博陵郡王，柬之罷爲漢陽郡王，恕己罷爲南陽郡王，暉罷爲平陽郡王，彥範罷爲扶陽郡王，元忠兼侍中。

庚子，懷遠爲左散騎常侍。

甲辰，休璟爲尚書左僕射，欽望自特進爲右僕射、同中書門下平章事。

六月癸亥，欽望軍國重事中書門下平章，安石

	二年丙午
為中書令，元忠為侍中，再思檢校中書令。 七月辛巳，太子賓客韋巨源同中書門下三品。 八月，欽望兼檢校安國相王府長史。 九月癸巳，巨源罷為禮部尚書。 十月丁未，休璟為京留守，仍判尚書省事。 辛未，元忠為中書令，再思行侍中。	正月戊戌，守吏部尚書李嶠同中書門下三品，中書侍郎于惟謙同中書門下平章事。 二月乙未，禮部尚書韋巨源守刑部尚書、同中書門下三品。 三月甲辰，安石罷為戶部尚書。戶部尚書蘇瓌守侍中。 戊申，休璟致仕。

四月己丑，懷遠致仕。
六月戊寅，貶暉爲崖州司馬，彥範瀧州司馬，恕己竇州司馬，玄暐白州司馬，柬之新州司馬。
七月丙寅，元忠爲尚書右僕射、兼中書令，仍知兵部事。嶠守中書令。
辛未，懷遠復爲同中書門下三品。流暉于嘉州，彥範于瀼州，恕己于環州，玄暐于古州，柬之于瀧州。
八月丙子，欽明貶申州刺史。
九月戊午，懷遠薨。
十月癸巳，瓌爲侍中。
十二月丙申，欽望爲開府儀同三司，依舊平章軍國重事。元忠爲尚書左僕射。

707	景龍元年丁未	七月壬戌，嶠爲中書令，巨源爲吏部尚書，元忠加特進。 八月丙戌，元忠以特進致仕。 九月丁酉，惟謙罷爲國子祭酒。行兵部尚書宗楚客左衞將軍，兼太府卿紀處訥爲太僕卿，吏部侍郎蕭至忠爲黃門侍郎，並同中書門下三品。 丙辰，至忠行中書侍郎。 辛亥，再思爲中書令，巨源、處訥爲侍中。瓌罷爲行吏部尚書。
708	二年戊申	七月癸巳，左屯衞大將軍、朔方道行軍大總管張仁亶同中書門下三品。
709	三年己酉	二月壬寅，巨源爲尚書左僕射，再思爲右僕射，同中書門下三品。 三月戊午，楚客爲中書令，至忠守侍中，太府卿

韋嗣立守兵部尚書、同中書門下三品。中書侍郎兼檢校吏部侍郎崔湜，守兵部侍郎趙彥昭爲中書侍郎，並同中書門下平章事。

戊寅，禮部尚書韋溫爲太子少保、同中書門下三品太常少卿鄭愔守吏部侍郎、同中書門下平章事。

五月丙戌，湜貶襄州刺史，愔貶江州司馬。

六月癸卯，再思薨。

八月乙酉，嶠守兵部尚書、同中書門下三品，安石自特進爲侍中，至忠爲中書令。

九月，巨源爲都留守。

戊辰，瓌爲右僕射、同中書門下三品。

十一月甲戌，欽望薨。

十二月壬辰，前右僕射、同三品、宋國公致仕唐休璟爲太子少師、同中書門下三品。

景雲

元年庚戌

六月壬午，工部尚書張錫、刑部尚書裴談並同中書門下三品，吏部侍郎崔湜、中書侍郎岑羲、吏部尚書張嘉福並同中書門下平章事，溫總知內外兵馬。

甲申，相王參謀政事。

壬辰，嘉福持節河北道巡撫，羲持節河南道巡撫，處訥持節關內道巡撫。

庚子，巨源誅。

辛丑，朝邑尉劉幽求爲中書舍人，苑總監鍾紹京爲中書侍郎，並參豫機務。

壬寅，紹京、黃門侍郎李日知、殿中監平王隆基並同中書門下三品。至忠貶許州刺史，嗣立宋州刺史，彥昭絳州刺史，湜華州刺史。處訥、楚客、溫誅。

癸卯，隆基同中書門下三品。紹京行中書

六月甲申，安國相王罷參謀政事，加太尉。十一月己巳，宋王成器爲司徒兼揚州大都督。

令。嘉福誅。

乙巳，紹京罷爲戶部尙書。

丙午，太常少卿薛稷爲黃門侍郎，參豫機務。

丁未，隆基爲皇太子。

戊申，許州刺史姚元之爲兵部尙書、同中書門下三品；嗣立、至忠爲中書令；彥昭爲中書侍郎，湜爲吏部侍郎、同中書門下平章事。七月癸丑，兵部尙書崔日用行黃門侍郎，參知機務；稷爲中書侍郎。

丁巳，洛州長史宋璟檢校吏部尙書、同中書門下三品，元之兼太子左庶子，璟兼右庶子。羲罷爲右散騎常侍。

壬戌，湜罷爲尙書左丞，錫貶絳州刺史，至忠爲晉州刺史，彥昭爲宋州刺史，嗣立爲許州

	刺史。 丙寅，元之兼中書令，璟爲尚書左僕射。嶠貶爲懷州刺史。 丁卯，休璟致仕，仁亶罷爲左衞大將軍。 己巳，日用罷爲雍州刺史〔三〕，稷罷爲左散騎常侍。 八月癸巳，談罷爲蒲州刺史。 十一月戊申，元崇爲中書令兼兵部尚書。 壬子，安石罷爲太子少保，瓌罷爲少傅。宋王成器爲尚書左僕射。		
711 二年辛亥	正月己未，太僕卿郭元振、中書侍郎張說並同中書門下平章事。 二月甲申，璟貶楚州刺史，元之申州刺史。 丙戌，韋安石爲侍中，幽求罷爲戶部尚書。		四月甲申，宋王憲讓司徒爲太子賓客。

四月甲申，安石爲中書令。
辛卯，日知守侍中。
庚戌，安石加開府儀同三司。
壬戌，殿中監竇懷貞爲左臺御史大夫、同中書門下平章事。
八月庚午，安石爲尚書左僕射、同中書門下三品。
九月乙亥，懷貞守侍中。
十月甲辰，日知罷爲戶部尚書，元振罷爲吏部尚書，說罷爲尚書左丞，懷貞罷爲左臺御史大夫，安石罷爲特進。中書侍郎陸象先同中書門下平章事。吏部尚書劉幽求爲侍中，右散騎常侍魏知古、太子詹事崔湜爲中書侍郎，並同中書門下三品。

先天元年壬子 712	正月壬辰，象先同中書門下三品。 乙未，竇懷貞、戶部尚書岑羲並同中書門下三品。 六月癸丑，羲爲侍中。 壬戌，知古爲戶部尚書、同中書門下三品。 七月乙亥，懷貞爲尚書右僕射、軍國重事宜共平章。 八月庚戌，湜檢校中書令；幽求守尚書右僕射，懷貞守左僕射，並同三品；知古守侍中。 戊午，幽求流于封州。		八月己酉，宋王成器爲司空。

校勘記

〔一〕四月癸酉寂爲左僕射　下文武德六年欄重見。按本書及舊書卷一高祖紀、舊書卷五七裴寂傳，裴寂遷左僕射，僅見於武德六年，通鑑亦然。本書卷八八裴寂傳則記在武德四年至九年之間，觀其敍事次第，乃因襲舊書，而省去「六年」文。新唐書糾謬（下簡稱糾謬）卷一九云：若四年已遷左僕射，中間又不見遷改罷免，無緣於六年復還左僕射。疑此爲誤書。

〔二〕七月辛巳恭仁罷爲雍州牧　本書卷一高祖紀載武德九年「七月辛卯楊恭仁罷」，卷一〇〇楊恭仁傳云「武德末拜雍州牧」，舊書卷六二楊恭仁傳云「貞觀初拜雍州牧」，繫年均相合。本卷武德九年欄已書，此當是誤記。

〔三〕癸巳檢校洛州刺史李勣爲開府儀同三司同中書門下參掌機密　本書卷三高宗紀及通鑑卷一九九俱繫於貞觀二十三年六月。「癸巳」上疑脫「六月」二字。

〔四〕五月丙午居道爲納言　下文垂拱三年欄重見。按本書卷四則天紀，垂拱二年以裴居道爲內史，三年改納言。舊書卷六則天紀及通鑑卷二〇四亦云垂拱三年爲納言。此疑爲誤書。

〔五〕庚子仁傑兼納言三思檢校內史　本書卷四及舊書卷六則天紀、通鑑卷二〇六均繫在聖曆元年八月，舊書卷二〇六武三思傳合。舊書卷八九狄仁傑傳則繫爲納言於神功元年。通鑑卷二〇六考異云：「此月無庚子，仁傑、三思除命在明年。新表誤重複。」

〔六〕九月甲子攸寧同鳳閣鸞臺三品　下文聖曆元年欄亦見。本書卷四及舊書卷六則天紀、通鑑卷二〇六並繫於聖曆元年九月，疑此爲誤書。

〔七〕戊寅仁傑爲河北道副元帥檢校納言　下文聖曆元年欄亦見。本書卷四及舊書卷六則天紀、通鑑卷二〇六並繫於聖曆元年九月，疑此爲誤書。

〔八〕十月癸卯仁傑爲河北道安撫大使　下文聖曆元年欄亦見。本書卷四則天紀、舊書卷八九狄仁傑傳、通鑑卷二〇六並繫於聖曆元年，疑此爲誤書。

〔九〕三月甲戌師德爲納言　下文聖曆二年欄亦見。本書卷四則天紀繫在聖曆二年，此疑爲誤書。

〔一〇〕庚子文昌左相韋巨源爲納言　「左相」，本書卷四則天紀同。通鑑卷二〇六作「左丞」，考異云：「先時不言巨源爲左相，舊紀、傳皆無之，蓋『左丞』誤爲『左相』耳。」

〔一一〕十一月壬申三思罷爲特進太子少保　通鑑卷二〇六考異曰：「新紀、表皆云，『……(久視元年正月)壬申，三思罷』，中間未嘗入相。明年十一月壬申，又云三思罷。日及官皆同，蓋誤重複耳。」

〔一二〕元之罷爲豪州刺史　「豪州」，本書卷一二四姚崇傳、舊書卷七中宗紀、通鑑卷二〇八均作「亳州」。

〔一三〕日用罷爲雍州刺史　「刺史」，本書卷一二一及舊書卷九九崔日用傳、舊書卷七睿宗紀、通鑑卷二〇九均作「長史」。

唐書卷六十二

表第二

宰相中

	宰相	三師	三公
公元713 開元元年癸丑	正月乙亥，吏部尚書蕭至忠爲中書令。 六月丙辰，兵部尚書郭元振同中書門下三品。 七月甲子，至忠、義誅，懷貞自殺。 庚午，湜流竇州。 乙亥，說檢校中書令。 庚辰，象先罷爲益州大都督府長史。		八月壬寅，宋王成器爲太尉，申王撝爲司徒，邠王守禮爲司空。 九月丙寅，宋王憲罷爲開府儀同三司。

八月癸巳，幽求爲尙書右僕射，知軍國重事。
九月庚午，說爲中書令，幽求同三品。
十月癸卯，元振流于新州。
甲辰，同州刺史姚元之爲兵部尙書、同中書門下三品。
十一月乙丑，幽求兼侍中。
十二月壬寅，元之兼紫微令。
癸丑，幽求罷爲太子少師，說貶爲相州刺史。
甲寅，黃門侍郎盧懷愼同紫微黃門平章事。

二年甲寅

正月己卯，懷愼檢校黃門監。
甲申，和戎、大武諸軍節度使薛訥同紫微黃門三品。

	五月辛亥，知古罷守工部尚書。 七月，訥除名。		
715 三年乙卯	正月癸卯，懷愼檢校吏部尚書兼黃門監。		
716 四年丙辰	正月丙申，懷愼檢校吏部尚書。 十一月己卯，懷愼去官養疾。 丙申，尚書左丞源乾曜爲黃門侍郎、同紫微黃門平章事。 閏十二月己亥，元之、幽求罷爲開府儀同三司，乾曜罷爲京兆尹。刑部尚書宋璟爲吏部尚書兼黃門監，紫微侍郎蘇頲同紫微黃門平章事。		
717 五年丁巳			
718 六年戊午			
719 七年己未			

720 八年庚申	正月辛巳，頲罷爲禮部尚書，璟罷爲開府儀同三司。京兆尹源乾曜爲黃門侍郎、同中書門下平章事，并州大都督府長史張嘉貞守中書侍郎、同中書門下平章事。五月丁卯，乾曜爲侍中，嘉貞爲中書令。		
721 九年辛酉	九月癸亥，天兵軍節度使張說守兵部尚書、同中書門下三品。		
722 十年壬戌			
723 十一年癸亥	二月己酉，嘉貞貶豳州刺史。癸亥，說兼中書令。四月甲子，說爲中書令，吏部尚書王晙爲兵部尚書、同中書門下三品。五月己丑，晙持節朔方節度使，兼知河北、河東、		

		隴右、河西兵馬使，六月巡邊。十二月庚申，晙貶蘄州刺史。		
724	十二年甲子			十一月辛巳，申王撝薨。
725	十三年乙丑	十一月壬辰，說爲尙書右丞相兼中書令，乾曜爲尙書左丞相兼侍中。		
726	十四年丙寅	四月丁巳，戶部侍郎李元紘爲中書侍郎、同中書門下平章事。四月庚申，說罷爲尙書右丞相。九月己丑，磧西節度使杜暹檢校黃門侍郎、同中書門下平章事。		
727	十五年丁卯			
728	十六年戊辰	十一月癸巳，河西節度使蕭嵩守兵部尙書、同中書門下平章事。		

729 十七年己巳	六月甲戌，元紘罷爲曹州刺史，乾曜罷爲左丞相，暹罷爲荆州大都督府長史。嵩爲兼中書令；兵部侍郎裴光庭爲中書侍郎，戶部侍郎宇文融爲黃門侍郎，並同中書門下平章事。八月己卯，光庭兼御史大夫。九月壬子，融貶汝州刺史。		
730 十八年庚午	正月辛卯，光庭爲侍中。四月乙丑，兼吏部尚書。		
731 十九年辛未			
732 二十年壬申	十二月壬申，嵩爲兵部尚書。		六月丁丑，忠王浚爲司徒。
733 二十一年癸酉	三月乙巳，光庭薨。甲寅，尚書右丞韓休爲黃門侍郎、同中書門下平章事。十二月丁巳，嵩罷爲右丞相，休罷爲檢校工部		四月丁巳，宋王憲爲太尉，薛王業爲司徒。

	尙書。京兆尹裴耀卿守黃門侍郎、同中書門下平章事，前檢校中書侍郎起復張九齡爲中書侍郎、同中書門下平章事。		
734 二十二年甲戌	五月戊子，耀卿爲侍中，九齡爲中書令，黃門侍郎李林甫爲禮部尙書、同中書門下三品。七月甲申，九齡爲河南開稻田使。八月，耀卿爲江淮以南回造使。		七月己巳，薛王業薨。
735 二十三年乙亥	十一月壬寅，林甫爲戶部尙書。		
736 二十四年丙子	七月庚子，林甫爲兵部尙書。十一月壬寅，耀卿罷爲左丞相，九齡罷爲右丞相。林甫兼中書令，朔方節度使牛仙客守工部尙書、同中書門下三品。十二月丙寅，仙客知門下省事。		十二月戊申，慶王琮爲司徒。

737 二十五年丁丑			
738 二十六年戊寅	正月乙亥，仙客守侍中。 正月壬辰，林甫持節遙領隴右節度副大使，知節度事。 二月乙卯，仙客遙領河東節度使。 五月乙酉，林甫遙領河西節度副大使，知節度事，仍判涼州事。		六月庚子，忠王浚爲皇太子。
739 二十七年己卯	四月己丑，林甫爲吏部尚書，仙客爲兵部尚書兼侍中。		
740 二十八年庚辰	十一月，仙客罷節度使。		
741 二十九年辛巳			十一月庚戌，邠王守禮薨。 辛未，宋王憲薨。

742	天寶元年壬午	七月辛丑，仙客薨。八月丁丑，刑部侍郎李適之爲左相。壬辰，林甫爲尚書左僕射，適之兼兵部尚書。		
743	二年癸未			
744	三載甲申			
745	四載乙酉			
746	五載丙戌	四月庚寅，適之罷爲太子少保。丁酉，門下侍郎陳希烈同中書門下平章事。		
747	六載丁亥	三月甲辰，希烈爲左相兼兵部尚書。		
748	七載戊子			
749	八載己丑			

750	九載庚寅			
751	十載辛卯	正月丁酉，林甫遙領單于、安北副大都護，充朔方節度等使。		
752	十一載壬辰	四月丙戌，林甫罷都護。 十一月乙卯，林甫死。 庚申，御史大夫判度支事、劍南節度使楊國忠爲右相兼文部尚書。		五月戊申，慶王琮薨。
753	十二載癸巳	十二月戊子，希烈爲祕書省圖書使。		
754	十三載甲午	八月丙戌，希烈罷爲太子太師。文部侍郎韋見素爲武部尚書、同中書門下平章事，知門下省事。		二月丁丑，楊國忠爲司空。
755	十四載乙未			

756 至德 元載丙申	六月丙午，劍南節度使崔圓爲中書侍郎、同中書門下平章事。 七月甲子，憲部侍郎房琯爲文部尙書，河西行軍司馬裴冕爲中書侍郎，並同中書門下平章事。 庚午，見素爲左相，蜀郡太守崔渙爲門下侍郎、同中書門下平章事。 八月庚子，見素、琯、渙赴靈武。 十一月甲寅，憲部尙書李麟同中書門下平章事。 戊午，渙爲江南宣慰使。		六月丙申，國忠死。
757 二載丁酉	正月甲寅，圓自蜀來。 三月辛酉，見素罷爲左僕射，冕罷爲右僕射。憲部尙書致仕苗晉卿爲左相。 五月丁巳，琯罷爲太子少師。諫議大夫兼侍御		四月戊寅，朔方節度使、同平章事郭子儀爲司空。 五月甲子，子儀罷司

	758 乾元元年戊戌	759 二年己亥
史張鎬為中書侍郎、同中書門下平章事。八月甲申，渙罷為左散騎常侍、餘杭郡太守。鎬兼河南節度使，都統淮南諸軍事。十二月甲寅，晉卿為中書侍郎、同中書門下平章事。戊午，圓為中書令，麟同中書門下三品，晉卿行侍中。	五月戊子，鎬罷為荊州大都督府長史。乙未，圓罷為太子少師，麟罷為太子少傅。太常少卿王璵為中書侍郎、同中書門下平章事。	三月甲午，兵部侍郎呂諲同中書門下平章事，
空。十二月戊午，河東節度使、同平章事李光弼守司空，子儀為司徒，廣平郡王俶為太尉，進封楚王。	三月甲戌，楚王俶封成王。五月庚寅，俶為皇太子。八月丙辰，光弼為侍中，子儀兼中書令。	

判度支。乙未，晉卿罷爲太子太傅，巘罷爲刑部尚書。御史大夫、京兆尹李峴爲吏部尚書，中書舍人李揆爲中書侍郎，戶部侍郎第五琦，並同中書門下平章事。

五月辛巳，峴貶蜀州刺史。

七月辛卯，諲以母喪罷。十月壬戌，起復。

十一月庚午，琦貶忠州刺史。

十二月甲午，諲充勾當度支使；丙午，爲黃門侍郎。

760

上元元年庚子

五月丙午，晉卿爲侍中。

壬子，諲罷爲太子賓客。

正月辛巳，光弼加太尉兼中書令。

閏四月丁卯，河東節度副大使王思禮爲司空。

761 二年辛丑	二月癸未，揆貶袁州長史。河中節度使蕭華爲中書侍郎、同中書門下平章事。 四月己未，吏部侍郎裴遵慶爲黃門侍郎、同中書門下平章事。		三月戊戌，光弼罷太尉，復兼侍中。 五月庚子，光弼復爲太尉。思禮薨。
762 寶應元年壬寅	建辰月戊申，華罷爲禮部尚書。戶部侍郎元載同中書門下平章事。 五月丙寅，載行中書侍郎，勾當轉運租庸支度使。		正月壬午，李輔國爲司空〔一〕；十月壬戌，死。
763 廣德元年癸卯	正月癸未，京兆尹劉晏爲吏部尚書、同中書門下平章事。 七月壬子，雍王适兼中書令。 十月壬辰，載判元帥行軍司馬〔二〕。 十二月乙未，晉卿罷爲太子太保，檢校禮部尚書李峴爲黃門侍郎、同中書門下平章事。遵慶罷爲太子少傅。		六月癸未，澤潞節度使李抱玉爲司空兼兵部尚書。

764 二年甲辰	正月乙卯，雍王适爲皇太子。 癸亥，峴罷爲太子詹事，晏罷爲太子賓客。右散騎常侍王縉爲黃門侍郎，太常卿杜鴻漸爲兵部侍郎，並同中書門下平章事。 丁卯，鴻漸加莊宅使；四月甲午，爲中書侍郎。 八月丙寅，縉爲侍中，持節都統河南、淮南、淮西、山南東道行營節度事〔三〕。 壬申，縉罷侍中；甲午，兼東都留守。	四月壬午，朔方行營節度使、尚書左僕射、同平章事兼太保僕固懷恩爲太保。	七月乙酉，光弼薨。 九月辛亥，子儀爲太尉，抱玉爲司徒。甲寅，子儀讓，罷之。 十二月乙丑，子儀爲尚書令。辛未，子儀讓，罷之。
765 永泰元年乙巳	八月庚辰，縉爲河南副元帥。	九月丁酉，懷恩死。	三月丙午，抱玉讓司徒。
766 大曆元年丙午	二月壬子，鴻漸爲黃門侍郎、同中書門下平章事，兼成都尹，持節山南西道、劍南東川西川、邛南、西山等道副元帥，仍充劍南西川節度副大使。		

767 二年丁未	六月丙戌，鴻漸自劍南追至。		
768 三年戊申	閏六月庚午，縉兼幽州盧龍節度使；八月庚午，兼河東節度使。		閏六月己酉，子儀爲司徒。 庚午，魏博節度使田承嗣爲司空，兼檢校尚書左僕射。
769 四年己酉	二月乙卯，鴻漸讓山、劍副元帥。 六月戊申，縉罷副元帥、都統行營節度事。 十一月壬申，鴻漸罷。 癸酉，載權知門下省事。 丙子，尚書左僕射裴冕爲同中書門下平章事。 十二月戊戌，冕薨。		
770 五年庚戌	四月庚申，縉至自太原。		

771	六年辛亥			
772	七年壬子			
773	八年癸丑			二月戊申，承嗣爲太尉。
774	九年甲寅			
775	十年乙卯			
776	十一年丙辰			
777	十二年丁巳	三月辛巳，載誅，縉貶括州刺史。 四月壬午，太常卿楊綰爲中書侍郎，禮部侍郎常衮爲門下侍郎，並同中書門下平章事。 七月己巳，綰薨。		
778	十三年戊午			

779	十四年己未	三月丁未，前淮西節度使、檢校司空、同平章事李忠臣本官同平章事。 閏五月甲戌，衮貶河南少尹。河南少尹崔祐甫爲門下侍郎、同中書門下平章事。 八月甲辰，懷州刺史喬琳爲御史大夫，道州司馬楊炎爲門下侍郎，並同中書門下平章事。 十一月壬午，琳罷爲工部尚書。	二月癸未，承嗣死。 閏五月甲申，子儀加尚父，兼太尉、中書令。 六月己亥，平盧淄青節度使、檢校司空、同平章事李正己爲司徒，成德軍節度使、檢校司空、同平章事李寶臣爲司空。
	建中	六月甲午，祐甫薨。	
780	元年庚申		
781	二年辛酉	二月乙巳，炎爲中書侍郎，御史大夫盧杞爲門下侍郎、同中書門下平章事。 七月庚申，永平軍節度使張鎰爲中書侍郎、平	正月戊辰，寶臣死。 六月辛丑，子儀薨。 七月庚申，檢校右僕

	章事。炎罷爲左僕射。		射侯希逸爲司空，是日卒。 壬午，幽州隴右兼四鎮北庭行軍涇原節度使、檢校司空兼中書令朱泚爲太尉。 八月辛卯，正己死。
782 三年壬戌	四月戊寅，鎰罷爲鳳翔節度使。 十月丙辰，吏部侍郎關播爲中書侍郎、同中書門下平章事。		
783 四年癸亥	十月丁巳，戶部尚書蕭復爲吏部尚書，吏部郎中劉從一爲刑部侍郎，京兆府戶曹參軍、翰林學士姜公輔爲諫議大夫，並同中書門下平章事。		

十一月癸巳，朔方節度使李懷光為中書令、朔方邠寧同華陝虢河中晉絳慈隰行營兵馬副元帥。

十二月壬戌，杞貶新州司馬。

興元

元年甲子

正月癸酉，播罷為刑部尚書。

丙戌，吏部侍郎盧翰為兵部侍郎、同中書門下平章事。戊子，復為山南東西、荊湖、淮南、江西、鄂岳、浙江東西、福建、嶺南宣慰安撫使。

四月甲寅，公輔罷為左庶子。

六月己酉，李晟為中書令。

癸丑，從一為中書侍郎，翰為門下侍郎。

甲寅，朔方節度使、邠寧振武永平奉天行營兵馬副元帥、檢校尚書右僕射、同平章事渾瑊為侍中。

丙辰，忠臣誅。

二月甲子，李懷光為太尉，不拜。

六月己酉，京畿、渭北、商華兵馬副元帥李晟為司徒、中書令。

八月癸卯，晟為鳳翔隴右諸軍、涇原四鎮北庭行營兵馬元帥。

八月癸卯，瑊爲河中、同絳、陝虢諸軍行營兵馬副元帥。

丙午，瑊兼朔方行營兵馬副元帥。

十月辛丑，檢校司徒李勉本官同中書門下平章事。十一月乙丑，復罷爲左庶子。

十二月己卯，勉加太清宮使，翰加太微宮使，從一集賢殿大學士。

785

貞元

元年乙丑

四月丙戌，瑊爲河中招撫使。

六月辛卯，西川節度使同平章事張延賞爲中書侍郎、同中書門下平章事。

八月己卯，河東節度使、檢校司徒、同平章事馬燧兼侍中。延賞罷爲左僕射。

九月辛亥，從一罷爲戶部尚書。

八月甲戌，懷光伏誅。

	786	787
	二年丙寅	三年丁卯
	正月壬寅，翰罷爲太子賓客。吏部侍郎劉滋爲左散騎常侍，給事中崔造，中書舍人齊映，並同中書門下平章事。 癸丑，映判兵部，勉判刑部，滋判吏部、禮部，造判戶部、工部。 十二月丁巳，燧爲綏銀麟勝招討使。 庚申，造罷爲右庶子。	正月壬寅，尚書左僕射張延賞同中書門下平章事。 壬子，滋罷守左散騎常侍，映貶夔州刺史。兵部侍郎柳渾同中書門下平章事。 三月辛亥，燧罷副元帥。 六月丙戌，陝虢觀察使李泌爲中書侍郎、同中書門下平章事。
		三月丁未，晟爲太尉。 六月丙戌，馬燧爲司徒兼侍中。

年	宰相		
	七月壬申，延賞薨。八月己丑，渾罷爲散騎常侍。		
788 四年戊辰	七月庚戌，瑊爲邠寧慶副元帥。		
789 五年己巳	二月庚子，御史大夫竇參爲中書侍郎，大理卿董晉爲門下侍郎，並同中書門下平章事。三月甲辰，泌薨。		
790 六年庚午			
791 七年辛未			
792 八年壬申	三月丁丑，參兼吏部尚書，知選事。四月乙未，參貶郴州別駕。尚書左丞趙憬、兵部侍郎陸贄並中書侍郎、同中書門下平章事。		

793	九年癸酉	五月甲辰，憬為門下侍郎，義成軍節度使賈耽為尚書右僕射，尚書右丞盧邁，並同中書門下平章事。 五月丙午，晉罷為禮部尚書。		正月己亥，抱眞讓司徒，為檢校左僕射。 六月壬寅，抱眞卒。 八月庚戌，晟薨。
794	十年甲戌	十二月壬戌，贄罷為太子賓客。		
795	十一年乙亥	正月乙亥，邁為中書侍郎。		八月辛亥，燧薨。
796	十二年丙子	二月乙丑，瑊兼中書令。 八月丙戌，憬薨。 十月甲戌，右諫議大夫崔損、給事中趙宗儒並同中書門下平章事。		
797	十三年丁丑	九月己丑，邁罷為太子賓客。		

798	十四年戊寅	四月丁丑，損爲脩八陵使。七月壬申，宗儒罷爲太子右庶子。工部侍郎鄭餘慶爲中書侍郎、同中書門下平章事。損爲門下侍郎。		
799	十五年己卯	十二月辛未，瑊薨。		
800	十六年庚辰	九月庚戌，餘慶貶郴州司馬。庚申，太常卿齊抗爲中書侍郎、同中書門下平章事。		
801	十七年辛巳			
802	十八年壬午			
803	十九年癸未	三月壬子，淮南節度使、檢校尚書左僕射、同平章事杜佑檢校司空、同中書門下平章事。七月己未，抗罷爲太子賓客。		

	閏十一月丁巳，損薨〔四〕。 十二月庚申，太常卿高郢爲中書侍郎，吏部侍郎鄭珣瑜爲門下侍郎，并同中書門下平章事。
804 二十年甲申	
805 永貞元年乙酉	二月辛亥，吏部侍郎韋執誼爲尚書右丞、同中書門下平章事。 三月丙戌，佑檢校司徒。 庚寅，郢爲刑部尚書，珣瑜爲吏部尚書，執誼爲中書侍郎。 七月乙未，郢罷守刑部尚書，珣瑜罷守吏部尚書。太常卿杜黃裳爲門下侍郎，左金吾衛大將軍袁滋爲中書侍郎，並同中書門下平章事。 八月己未，滋爲劍南東西川、山南西道安撫大使。

	癸亥，尚書左丞鄭餘慶同中書門下平章事。 十月丁酉，躭薨。 戊戌，滋罷爲檢校吏部尚書同平章事西川節度使。 十一月壬申，執誼貶崖州司馬。 十二月壬戌，中書舍人鄭絪爲中書侍郎同中書門下平章事。		
元和			
806 元年丙戌	十一月庚戌，餘慶罷爲河南尹。		四月丁未，佑爲司徒。
807 二年丁亥	正月乙巳，黃裳罷爲檢校司空、同平章事河中節度使。 己酉，御史中丞武元衡爲門下侍郎，中書舍人李吉甫爲中書侍郎，並同中書門下平章事。		

	八月辛酉，元衡兼判戶部；十月丁卯，檢校吏部尚書兼門下侍郎、同平章事、西川節度使。		
808 三年戊子	九月庚寅，山南東道節度使、檢校尚書左僕射于頔守司空、同中書門下平章事。 丙申，戶部侍郎裴垍守中書侍郎、同中書門下平章事，絪爲門下侍郎。 戊戌，吉甫檢校兵部尚書兼中書侍郎、同平章事、淮南節度使。		九月庚寅，頔守司空。
809 四年己丑	二月丁卯，絪罷爲太子賓客。給事中李藩爲門下侍郎、同中書門下平章事。		
810 五年庚寅	九月丙寅，太常卿權德輿爲禮部尚書、同中書門下平章事。 十一月庚申，垍罷爲兵部尚書。		

811 六年辛卯	正月庚申，李吉甫爲中書侍郎、同中書門下平章事。 二月壬申，藩罷爲太子詹事。 十一月己丑，戶部侍郎李絳爲中書侍郎、同中書門下平章事。		
812 七年壬辰		六月癸巳，佑爲太保致仕。	
813 八年癸巳	正月辛未，德輿罷爲禮部尚書。 三月甲子，武元衡爲門下侍郎、平章事；己巳，至自西川。		二月丁酉，頔貶恩王傅。
814 九年甲午	二月癸卯，絳罷爲禮部尚書。 六月壬寅，河中節度使張弘靖爲刑部尚書、同中書門下平章事。 十月丙午，吉甫薨。		

	十二月庚戌，弘靖守中書侍郎。 戊辰，尚書右丞韋貫之同中書門下平章事。	
815 十年乙未	六月癸卯，元衡爲盜殺。 乙丑，御史中丞裴度爲中書侍郎、同中書門下平章事。	正月乙酉，宣武軍節度使韓弘守司徒。
816 十一年丙申	正月己巳，弘靖罷檢校吏部尚書、河東節度使。 二月乙巳，中書舍人李逢吉爲門下侍郎、同中書門下平章事，貫之爲中書侍郎。 八月壬寅，貫之罷爲吏部侍郎。 十二月丁未，翰林學士、工部侍郎王涯爲中書侍郎、同中書門下平章事。	
817 十二年丁酉	七月丙辰，度守門下侍郎、同平章事、彰義節度、淮西宣慰處置使，戶部侍郎崔羣爲中書侍郎、	

	十三年戊戌
同中書門下平章事。 九月丁未，逢吉罷爲劍南東川節度使。 十月甲戌，淮南節度使、檢校尚書右僕射李鄘爲門下侍郎、同中書門下平章事。 十二月戊寅，鄘至。	三月戊戌，鄘罷爲戶部尚書。御史大夫李夷簡爲門下侍郎、同中書門下平章事。 七月辛丑，夷簡檢校左僕射、同平章事、淮南節度使。 八月壬子，涯罷爲兵部侍郎。 九月甲辰，戶部侍郎、判度支皇甫鎛，工部侍郎、諸道鹽鐵轉運使程异，並同中書門下平章事，判使各如故。

819 十四年己亥	四月辛未，异薨。 丙子，度檢校左僕射，兼門下侍郎、同平章事、河東節度使。 七月丁酉，鎛守門下侍郎，河陽節度使令狐楚守中書侍郎、同中書門下平章事。 八月己酉，宣武節度使、守司徒兼侍中、同平章事韓弘兼中書令。 十二月己卯，羣罷爲湖南觀察使。		
820 十五年庚子	正月壬午，鎛罷度支。 閏月丁未，鎛貶崖州司戶參軍。 辛亥，楚爲門下侍郎，御史中丞蕭俛、中書舍人翰林學士段文昌並守中書侍郎、同中書門下平章事。 七月丁卯，楚罷爲宣歙觀察使。		九月戊午，檢校左僕射、河東節度使裴度守司空。

八月戊戌，俛爲門下侍郎，御史中丞崔植守中書侍郎、同中書門下平章事。

校勘記

〔一〕正月壬午李輔國爲司空　「正月」，本書卷六及舊書卷一一代宗紀、通鑑卷二二二並作「五月」。

〔二〕載判元帥行軍司馬　「軍」，各本原作「兵」，舊書卷一一代宗紀及通鑑卷二二三均作「軍」。按本書卷四九下百官志、舊書卷四四職官志，元帥及節度使下置「行軍司馬」。據改。

〔三〕山南東道行營節度　各本原無「南」字，據本書卷六及舊書卷一一代宗紀、通鑑卷二二三補。

〔四〕閏十一月丁巳損薨　「閏十一月」，本書卷七及舊書卷一三德宗紀、通鑑卷二三六並作「閏十月」。查二十史朔閏表，「閏十月」是。

唐書卷六十三

表第三

宰相下

公元821	
	長慶元年辛丑
宰相	正月壬戌，俛罷爲尚書右僕射。 二月壬午，文昌檢校刑部尚書、同平章事、西川節度使，戶部侍郎、翰林學士杜元穎守戶部侍郎、同中書門下平章事。 十月丙寅，諸道鹽鐵轉運使、刑部尚書王播守中書侍郎、同中書門下平章事。
三師	
三公	

822 二年壬寅	二月辛巳，植罷爲刑部尚書。工部侍郎元稹守工部侍郎、同中書門下平章事，元穎爲中書侍郎。 三月戊午，度守司空兼門下侍郎、平章事，播檢校尚書右僕射、平章事、淮南節度使。 六月甲子，度罷爲尚書左僕射，稹罷爲同州刺史。兵部尚書李逢吉守門下侍郎、同中書門下平章事。 戊寅，夷簡分司東都。		三月戊午，度守司空 十二月庚寅，弘卒。
823 三年癸卯	三月壬戌，御史中丞牛僧孺爲戶部侍郎、同中書門下平章事。丁卯，復判戶部。 十月己丑，元穎檢校禮部尚書、同平章事、西川節度使。 庚寅，僧孺爲中書侍郎。		八月癸卯，度守司空、山南西道節度使。

824	四年甲辰	五月乙卯，吏部侍郎李程，戶部侍郎、判度支竇易直，並同中書門下平章事。 六月丙申，度同平章事。 乙酉，逢吉爲尚書左僕射。		六月丙申，橫海軍節度使李光顏守司徒。
825	寶曆元年乙巳	正月乙卯，僧孺檢校禮部尚書、同平章事、武昌節度使。 辛酉，程守中書侍郎，易直守門下侍郎。 七月庚午，易直罷度支。		二月丁未，度守司空。
826	二年丙午	二月丁未，裴度守司空、同中書門下平章事。 八月丙申，度判度支。 九月壬午，程檢校兵部尚書、同平章事、河東節度使。 十一月甲申，逢吉檢校司空、同平章事、山南東道節度使。		九月戊寅，光顏卒。

	十二月庚戌，兵部侍郎、翰林學士韋處厚爲中書侍郎、同中書門下平章事。 庚申，度兼門下侍郎，易直尚書右僕射。		
827 大和 元年丁未	六月癸巳，淮南節度副大使王播爲尚書左僕射、同中書門下平章事。 十月丙寅，度罷度支。		正月癸未，天平軍節度使烏重胤守司徒。 丙寅，重胤卒。
828 二年戊申	十月癸酉，易直檢校尚書左僕射、平章事、山南東道節度使。 十二月壬申，處厚薨。 戊寅，兵部侍郎、翰林學士路隋守中書侍郎、同中書門下平章事。		九月甲午，武寧軍節度使王智興守司徒。
829 三年己酉	八月甲戌，吏部侍郎李宗閔同中書門下平章事。 十二月己酉，元穎貶邵州刺史。	十一月乙巳，智興爲太傅。	

830 四年庚戌	正月辛卯，牛僧孺爲兵部尚書、同中書門下平章事。 六月丁未，度平章軍國重事。 己酉，隋爲門下侍郎，宗閔爲中書侍郎。 七月癸未，尚書右丞宋申錫同中書門下平章事。 九月壬午，度爲司徒兼侍中、山南東道節度使。	六月己巳，檢校司徒、平章事李載義守太保。	六月丁未，度守司徒。 九月壬午，度爲司徒。
831 五年辛亥	三月庚子，申錫罷爲太子右庶子。 乙丑，僧孺爲中書侍郎。		
832 六年壬子	十二月乙丑，僧孺檢校尚書右僕射、平章事、淮南節度使。		

833	七年癸丑	二月丙戌，兵部尚書李德裕守本官、同中書門下平章事。 六月乙亥，宗閔檢校禮部尚書、平章事、興元節度使。 七月丁酉，德裕爲中書侍郎。 壬寅，尚書右僕射、諸道鹽鐵轉運使王涯守右僕射、同中書門下平章事。 是年，隋爲太子太師。		
834	八年甲寅	三月戊午，涯檢校司空兼門下侍郎。 十月庚寅，李宗閔守中書侍郎、同平章事。 甲午，德裕檢校兵部尚書同平章事、山南西道節度使。		
835	九年乙卯	四月丙申，隋檢校尚書右僕射、平章事、鎮海軍節度使。 戊戌，浙西觀察使賈餗守中書侍郎、同中	七月癸酉，智興卒。 十一月癸丑，載義守太傅。	五月辛未，涯爲司空。 十一月乙丑，仇士良殺涯。

書門下平章事。

六月壬寅，宗閔貶明州刺史。

七月辛亥，御史大夫李固言守門下侍郎、同中書門下平章事。

九月丁卯，固言檢校兵部尚書、山南西道節度使。

己巳，御史中丞舒元輿爲刑部侍郎，兵部侍郎、翰林學士李訓爲禮部侍郎，並同中書門下平章事。

十月乙亥，涯兼諸道鹽鐵榷茶使。

庚子，度兼中書令。

十一月甲子，訓斬首於昆明池。尚書右僕射鄭覃同中書門下平章事。

乙丑，元輿、餗爲仇士良所殺。戶部侍郎、判度支李石守本官、同中書門下平章事。

836 開成元年丙辰	正月甲子，覃兼門下侍郎，石爲中書侍郎。 四月甲午，李固言守門下侍郎、同中書門下平章事，石兼鹽鐵使。 丙申，固言判戶部。五月己巳，罷。 八月己酉，覃兼國子祭酒。石罷度支。		
837 二年丁巳	四月戊戌，翰林學士、工部侍郎陳夷行以本官同中書門下平章事。 十月戊申，固言爲門下侍郎、同平章事、西川節度使。 十一月壬戌，石罷鹽鐵使。	四月庚申，載義卒。	
838 三年戊午	正月戊辰，戶部尚書、諸道鹽鐵轉運使楊嗣復，戶部侍郎、判戶部李珏並同中書門下平章事。 丙子，石以中書侍郎同中書門下平章事、荊南節度使。		

三月庚午，覃爲太子太師。
四月丙申，珏罷戶部。
七月戊辰，嗣復罷鹽鐵使。
九月己巳，夷行爲門下侍郎，珏、嗣復爲中書侍郎。
十二月辛丑，度守司徒兼中書令。
丙午，覃罷太子太師，五日一入中書。

四年己未

閏正月己亥，度來朝。
五月丙申，覃罷爲尚書左僕射，夷行罷爲吏部侍郎。
七月甲辰，太常卿崔鄲同中書門下平章事。
十一月壬午，嗣復爲門下侍郎，鄲爲中書侍郎。

三月丙戌，度薨。

840	五年庚申	二月癸丑，珏兼戶部尚書，嗣復兼吏部尚書，鄲兼禮部尚書。 五月己卯，珏爲門下侍郎。嗣復罷，守吏部尚書、刑部尚書。諸道鹽鐵轉運使、刑部尚書崔珙同中書門下平章事。 八月庚午，珏貶太常卿。 九月丁丑，淮南節度副大使、檢校右僕射李德裕爲門下侍郎、同中書門下平章事。 庚辰，珙爲中書侍郎。		
841	會昌元年辛酉	三月甲戌，御史大夫陳夷行爲門下侍郎、同中書門下平章事。 十一月癸亥，鄲檢校吏部尚書、同平章事、劍南西川節度使。		

842 二年壬戌	正月己亥，夷行爲尚書左僕射，珙爲尚書右僕射。二月丁丑，檢校尚書右僕射、淮南節度使李紳爲中書侍郎、平章事。三月丙申，紳權判度支。六月，夷行罷爲太子太保。七月，尚書左丞兼御史中丞李讓夷爲中書侍郎、同中書門下平章事。		正月己亥，李德裕爲司空。
843 三年癸亥	二月辛未，珙罷守尚書右僕射。五月壬寅，紳爲門下侍郎。戊申，翰林學士承旨、中書舍人崔鉉爲中書侍郎、同中書門下平章事。庚戌，紳爲尚書右僕射。		六月辛酉，德裕爲司徒。

844	四年甲子	閏七月壬戌，淮南節度使、檢校尚書右僕射、駙馬都尉杜悰爲尚書右僕射兼中書侍郎、同中書門下平章事、諸道鹽鐵轉運使，紳檢校尚書右僕射、同平章事、淮南節度使。八月庚戌，讓夷爲檢校尚書右僕射兼中書侍郎，鉉兼戶部尚書，悰爲尚書左僕射兼門下侍郎。		八月戊申，德裕守太尉。
845	五年乙丑	正月己未，德裕加特進。五月壬戌，鉉罷爲戶部尚書，悰罷爲尚書右僕射。乙丑，戶部侍郎判戶部李回爲中書侍郎、同中書門下平章事，兼判戶部。七月，山南東道節度使、檢校尚書右僕射鄭肅本官同中書門下平章事。		

846

六年丙寅

四月丙子，德裕檢校司徒、同平章事、荆南節度使。
辛卯，肅檢校尚書左僕射兼中書侍郎，讓夷爲司空兼門下侍郎。
五月乙巳，翰林學士承旨、兵部侍郎白敏中本官同中書門下平章事。
九月，肅本檢校官、荆南節度使。兵部侍郎、判度支盧商爲中書侍郎兼工部尚書、同中書門下平章事，回爲門下侍郎，敏中爲中書侍郎。

四月辛卯，讓夷爲司空。
七月，讓夷檢校司空、同平章事、淮南節度使。

847

大中

元年丁卯

三月，商檢校兵部尚書、武昌軍節度使。刑部尚書、判度支崔元式爲門下侍郎兼刑部尚書，翰林學士承旨、戶部侍郎韋琮爲中書侍郎，並同中書門下平章事。
八月丙申，回檢校吏部尚書、同平章事、劍南西川節度使。

848 二年戊辰	正月丙寅，敏中兼刑部尚書，元式兼戶部尚書，琮兼禮部尚書。己卯，刑部侍郎、諸道鹽鐵轉運使馬植同中書門下平章事。元式罷爲刑部尚書。兵部侍郎、判度支周墀同中書門下平章事。六月庚戌，敏中、琮爲門下侍郎，植、墀爲中書侍郎。十一月壬午，琮罷爲太子賓客，分司東都。		
849 三年己巳	三月，墀兼刑部尚書，敏中爲尚書右僕射，植檢校禮部尚書、天平軍節度使。四月乙酉，御史大夫崔鉉守中書侍郎、同中書門下平章事，墀檢校刑部尚書、東川節度使，兵部侍郎、判戶部事魏扶守本官、同中書門下平章事。		

年	宰相		
850 四年庚午	六月戊申，扶薨。戶部侍郎、判度支崔龜從守戶部尚書、同中書門下平章事，判如故。八月庚戌，罷判。十月辛未，翰林學士承旨、兵部侍郎令狐綯守本官、同中書門下平章事。		
851 五年辛未	三月甲申，敏中爲特進、守司空兼門下侍郎、同平章事，招討南山、平夏党項行營兵馬都統制置使，幷南北路供軍使兼邠寧慶等州節度使。四月乙卯，鉉守尚書右僕射兼門下侍郎，龜從爲中書侍郎兼吏部尚書，綯爲中書侍郎兼禮部尚書。十月戊辰，戶部侍郎判戶部魏謩守本官、同中書門下平章事，判如故。十一月庚寅，龜從檢校吏部尚書、同平章事、宣武節度使。		三月甲申，敏中守司空。十月，敏中守司空、同中書門下平章事，兼邠寧慶等州節度使。

852	六年壬申	正月癸巳，綯兼戶部尚書。 八月，禮部尚書、諸道鹽鐵轉運使裴休本官同中書門下平章事，使如故。 十二月壬午，謩爲中書侍郎。	四月甲辰，敏中檢校司徒、平章事、西川節度使。
853	七年癸酉		
854	八年甲戌	十一月乙酉，休罷使。 十二月癸巳，謩罷戶部。	
855	九年乙亥	二月甲戌，鉉爲尚書左僕射，綯爲門下侍郎，謩兼禮部尚書，休爲中書侍郎兼戶部尚書。 七月丙辰，鉉檢校尚書左僕射、同平章事、淮南節度使。	
856	十年丙子	正月丁巳，御史大夫鄭朗守工部尚書、同中書門下平章事。 十月戊子，休爲檢校戶部尚書、同平章事、宣武	

	十一年丁丑
節度使，綯爲尚書右僕射，蕃爲門下侍郎兼戶部尚書，朗爲中書侍郎兼禮部尚書。 十二月壬辰，戶部侍郎判戶部事崔愼由爲工部尚書、同中書門下平章事。	二月辛巳，蕃爲檢校戶部尚書、平章事、西川節度使。 七月庚子，兵部侍郎、判度支蕭鄴本官同中書門下平章事，判如故。 十月，鄴罷度支。 壬申，朗罷爲檢校尚書右僕射、兼太子少師。 十一月己未，愼由爲中書侍郎、禮部尚書，鄴爲工部尚書。

858

十二年戊寅

正月戊戌，戶部侍郎、判度支劉瑑本官同中書門下平章事，判如故。

二月壬申，愼由罷爲檢校禮部尚書、劍南東川節度使。

四月戊申，兵部侍郎諸道鹽鐵轉運使夏侯孜本官同中書門下平章事，使如故。

己酉，鄴爲中書侍郎兼禮部尚書，瑑爲工部尚書。

五月丙寅，瑑薨。

十月癸巳，孜爲工部尚書。

十一月己未，綯爲尚書左僕射。

十二月甲寅，兵部侍郎、判戶部蔣伸本官同中書門下平章事，判如故。

859

十三年己卯

三月甲戌，伸罷戶部。

八月癸卯，鄴爲門下侍郎，伸爲中書侍郎並兼

八月癸卯，綯爲司空。

十二月丁酉，檢校司

	咸通元年庚辰
兵部尚書。孜爲中書侍郎兼刑部尚書。十一月戊午，鄴檢校尚書右僕射、同平章事、荊南節度使。十二月甲申，翰林學士承旨、兵部侍郎杜審權本官同中書門下平章事。丁酉，敏中守司徒兼門下侍郎、同中書門下平章事。	九月癸酉，孜爲門下侍郎兼兵部尚書，伷兼刑部尚書，審權爲中書侍郎兼工部尚書。戊申，敏中爲中書令。十月己亥，孜爲檢校尚書右僕射、同平章事、劍南西川節度使，戶部尚書、判度支畢諴爲禮部尚書、同中書門下平章事。
徒兼太子太師、同平章事、荊南節度使白敏中守司徒，綯爲檢校司徒同平章事、河中節度使。	十二月癸亥，福王綰爲司空。

861	二年辛巳	二月，尚書左僕射、判度支杜悰本官兼門下侍郎、同中書門下平章事，判如故。 庚戌，敏中檢校司徒兼中書令、鳳翔節度使。	二月庚戌，敏中遷。福王綰薨。
862	三年壬午	正月己酉，伸檢校兵部尚書、同平章事、河中節度使。 二月庚子，審權爲門下侍郎兼吏部尚書，誠爲中書侍郎兼兵部尚書。 七月，夏侯孜爲尚書左僕射兼門下侍郎、同中書門下平章事。	二月庚子，悰守司空。 十月丙申，悰爲司徒。
863	四年癸未	四月癸巳，誠罷爲兵部尚書。 五月己巳，翰林學士承旨、兵部侍郎楊收守本官、同中書門下平章事。	正月庚辰，撫王紘守司空。

864

	五年甲申
戊子，審權檢校吏部尚書、同平章事、鎮海軍節度使。閏六月，兵部侍郎、判度支曹確本官同中書門下平章事，悰檢校司徒、同平章事、鳳翔節度使。十月，收爲中書侍郎。	三月己亥，確爲中書侍郎。四月，兵部侍郎、判戶部蕭寘本官同中書門下平章事。五月戊戌，伸爲太子少保，分司東都。八月乙卯，收爲門下侍郎兼刑部尚書，確兼工部尚書，寘爲中書侍郎。十一月壬寅，翰林學士承旨、兵部侍郎路巖本官同中書門下平章事。
	八月丁卯，孜爲司空。十一月戊戌，孜檢校尚書右僕射、同平章事、河中節度使。

865	866	867
六年乙酉	七年丙戌	八年丁亥
三月，寘薨。 四月，劍南東川節度使高璩爲兵部侍郎、同中書門下平章事。 六月，收爲尙書右僕射兼門下侍郎，確兼工部尙書，巖爲中書侍郎。 庚戌，璩薨。御史大夫徐商爲兵部侍郎、同中書門下平章事。	十月壬申，收檢校工部尙書、宣歙池觀察使。 十一月戊辰，確爲門下侍郎，巖兼刑部尙書，商爲中書侍郎兼工部尙書。	七月甲子，兵部侍郎、諸道鹽鐵轉運使、駙馬都尉于琮本官同中書門下平章事。 十月，確兼吏部尙書，巖爲門下侍郎兼戶部尙書，商兼刑部尙書。

868	九年戊子	六月癸卯，商檢校尚書右僕射、平章事、荆南節度使，翰林學士承旨戶部侍郎劉瞻本官同中書門下平章事。		
869	十年己丑	九月，瞻爲中書侍郎。		
870	十一年庚寅	正月戊午，確加尚書左僕射，巖加右僕射，瞻兼刑部尚書。 三月，確檢校司徒、同平章事、鎮海軍節度使。 四月丙午，翰林學士承旨、兵部侍郎、駙馬都尉韋保衡本官同中書門下平章事。 九月丙辰，瞻檢校刑部尚書、同平章事、荆南節度使。 十一月辛亥，禮部尚書、判度支王鐸本官同中書門下平章事。		

871 十二年辛卯	四月癸卯，巖檢校司徒、平章事、劍南西川節度使，鐸爲中書侍郎兼刑部尚書。十月，兵部侍郎、諸道鹽鐵轉運使劉鄴爲禮部尚書、同中書門下平章事，使如故。鐸爲門下侍郎兼吏部尚書。		
872 十三年壬辰	二月丁巳，琮檢校尚書左僕射、山南東道節度使，保衡爲右僕射，鐸爲尚書左僕射，鄴爲中書侍郎。以刑部侍郎、判戶部趙隱爲戶部侍郎、同中書門下平章事。十月，保衡爲門下侍郎兼兵部尚書。十一月庚辰，鄴兼戶部尚書，壽爲門下侍郎。隱爲中書侍郎。		十一月，保衡爲司空，鐸爲司徒。
873 十四年癸巳	六月，鐸檢校尚書左僕射、同平章事、宣武軍節度使。八月乙卯，鄴兼吏部尚書，隱兼禮部尚書。		八月乙卯，保衡爲司徒。九月癸亥，保衡貶賀

	乾符元年甲午
十月乙未，鄴爲尙書左僕射，隱兼戶部尙書。尙書左僕射蕭倣爲中書侍郎兼兵部尙書、同中書門下平章事。	二月癸丑，隱檢校兵部尙書、鎭海軍節度使。檢校戶部尙書兼華州刺史裴坦爲中書侍郎、同中書門下平章事。 五月乙未，坦薨。刑部尙書劉瞻爲中書侍郎、同中書門下平章事。 八月辛未，瞻薨。兵部侍郎、判度支崔彥昭爲中書侍郎、同中書門下平章事。 十月丙辰，鄴檢校尙書左僕射、同平章事、淮南節度使。吏部侍郎鄭畋爲兵部侍郎、翰林學士承旨、戶部侍郎盧攜並同中書門下平章事。 十一月，彥昭爲門下侍郎兼刑部尙書，畋爲中書侍郎兼禮部尙書，攜爲中書侍郎。
州刺史。	十一月，倣爲司空。

875 二年乙未	六月，吏部尚書李蔚爲中書侍郎、同中書門下平章事。彥昭爲尚書右僕射兼門下侍郎，畋爲門下侍郎，攜兼工部尚書。		五月，倣薨。
876 三年丙申			六月乙丑，撫王紘爲太尉，未幾，紘薨。
877 四年丁酉	正月，畋兼兵部尚書，攜兼刑部尚書。閏二月，彥昭罷爲太子太傅。王鐸檢校司徒兼門下侍郎、同中書門下平章事。九月，攜兼戶部尚書。		正月丁丑，彥昭爲司空。六月癸酉，鐸爲司徒。
878 五年戊戌	五月丁酉，畋、攜並罷爲太子賓客，分司東都。翰林學士承旨、戶部侍郎豆盧瑑爲兵部侍郎，吏部侍郎崔沆爲戶部侍郎，並同中書門下平章事。九月，吏部尚書鄭從讜爲中書侍郎兼禮部尚		

		書同中書門下平章事。蔚檢校司空，判東都尙書省，都畿汝防禦使。	
879	六年己亥	四月，鐸檢校司空兼侍中、荆南節度使、南面行營招討都統，從讜兼禮部尙書。 十二月，兵部尙書盧攜爲門下侍郎、同中書門下平章事，豫爲中書侍郎兼戶部尙書，沆爲中書侍郎兼工部尙書，從讜爲門下侍郎兼兵部尙書。鐸貶太子賓客，分司東都。	
880	廣明 元年庚子	二月壬子，從讜檢校司空兼平章事、河東節度行營招討等使。 六月丙午，攜兼兵部尙書。 十二月甲申，攜貶爲太子賓客，分司東都。翰林學士承旨、尙書左丞王徽爲戶部侍郎，翰林學士、戶部侍郎裴澈爲工部侍郎，並同中書門下	八月，榮王憒守司空，是月，憒薨。

平章事。

庚子，黃巢殺瑑、沆。

中和元年辛丑

正月壬申，兵部侍郎、判度支蕭遘爲工部侍郎、同中書門下平章事。

二月，澈兼禮部尚書。

己卯，太子少師王鐸爲司徒兼門下侍郎、同中書門下平章事。

三月，徽罷爲兵部尚書。

四月戊寅，澈爲門下侍郎兼兵部尚書，遘爲中書侍郎兼禮部尚書，鐸兼侍中。

六月戊戌，檢校司空、同平章事、京城西面行營都統鄭畋守司空兼門下侍郎、同中書門下平章事、京城四面行營都統，鐸守司徒兼太子太保。

二月己卯，鐸爲司徒、駢爲太尉。

六月丁丑，鐸守司徒，畋爲司空。

十一月，畋爲太子少傅，分司東都。

七月庚申，翰林學士承旨、兵部侍郎韋昭度本官同中書門下平章事。

十一月，畋罷爲太子少傅，分司東都。澈爲檢校兵部尚書、鄂岳觀察使，遘兼戶部尚書，昭度爲中書侍郎兼禮部尚書。

二年壬寅

正月辛亥，鐸爲諸道行營都都統，兼指揮諸軍兵馬收復京城及諸道租庸等使，權知義成軍節度使。

二月，遘判度支，鐸兼判戶部。

己卯，鄭畋爲司空兼門下侍郎、同中書門下平章事。

四月，遘爲門下侍郎兼吏部尚書。

五月，昭度兼吏部尚書，遘爲尚書左僕射。

二月己卯，畋爲司空。

883	三年癸卯	正月乙亥，鐸檢校司徒兼中書令、義成軍節度使。 五月，東都留守、檢校司空兼侍中鄭從讜爲司空，兼門下侍郎、同中書門下平章事。 七月，昭度爲門下侍郎，檢校兵部尚書、判度支裴澈爲中書侍郎、同中書門下平章事。	二月，建王震守太保。	五月，畋爲司徒，從讜爲司空。 七月，畋罷爲檢校司徒，守太子太保。
884	四年甲辰	十月，澈加尚書右僕射，昭度加左僕射，并兼門下侍郎。		十月，遘爲司空。
	光啓			
885	元年乙巳	三月，澈爲尚書左僕射。		二月，遘爲司徒，昭度爲司空。
886	二年丙午	三月戊戌，御史大夫孔緯、翰林學士承旨、兵部尚書杜讓能並爲兵部侍郎、同中書門下平章事。 四月，緯爲中書侍郎，讓能爲工部尚書。		二月，從讜爲太傅兼侍中。

887 三年丁未	三月癸未，澈伏誅。緯爲門下侍郎，讓能爲中書侍郎。六月，緯兼吏部尚書，充諸道鹽鐵轉運等使。讓能兼兵部尚書，昭度兼侍中。九月，戶部侍郎、判度支張濬爲兵部侍郎、同中書門下平章事。	八月，昭度爲太保兼侍中。	三月，從讜爲太子太保。癸未，遘伏誅。壬辰，昭度爲司徒。
888 文德元年戊申	二月，讓能爲尚書右僕射，緯爲左僕射，濬爲中書侍郎。四月，昭度守中書令，讓能爲尚書左僕射，濬守戶部尚書。六月、昭度檢校太尉兼中書令、劍南西川節度兼兩川招撫制置等使。九月，緯兼國子祭酒。	二月，昭度兼中書令。四月，昭度守中書令。	四月，緯爲司空。

889 龍紀元年己酉	正月，翰林學士承旨、兵部侍郎劉崇望本官同中書門下平章事。三月，濬兼吏部尚書，崇望爲中書侍郎，讓能兼門下侍郎。十一月己酉，崇望兼吏部尚書。	十一月戊午，緯爲太保。	三月，緯爲司徒，讓能爲司空。十二月戊午，讓能爲司徒。
890 大順元年庚戌	五月，濬爲河東行營都招討制置宣慰使。		
891 二年辛亥	正月庚申，緯檢校太保兼御史大夫、荆南節度使，濬罷爲檢校尚書右僕射、鄂岳觀察使。翰林學士承旨、兵部侍郎崔昭緯，御史中丞徐彥若爲戶部侍郎，並同中書門下平章事。崇望判度支。二月，崇望爲門下侍郎，昭緯、彥若並爲中書侍郎。	正月庚申，緯遷。	

	十月，崇望爲尙書右僕射。十二月，昭緯兼吏部尙書，彥若兼兵部尙書。		
892 景福元年壬子	二月，崇望罷爲檢校司徒、同中書門下平章事、武寧軍節度使。三月，戶部尙書鄭延昌爲中書侍郎、同中書門下平章事。八月，昭緯爲門下侍郎。		四月，讓能守太尉。
893 二年癸丑	正月，彥若爲檢校尙書左僕射、同平章事、鳳翔節度使。六月，昭緯爲尙書左僕射，延昌兼刑部尙書。九月壬辰，檢校司徒、東都留守韋昭度爲司徒兼門下侍郎，御史中丞崔胤爲戶部侍郎，並同中書門下平章事。十月，昭緯充諸道鹽鐵轉運使。	十二月，昭度爲太傅。	九月，讓能貶梧州刺史，再貶雷州司戶參軍。昭度守司徒。十月，讓能賜死。

894 乾寧元年甲寅	二月，延昌爲尚書右僕射兼門下侍郎，右散騎常侍鄭綮爲禮部侍郎、同中書門下平章事。 五月，延昌罷爲尚書右僕射。 六月，胤爲中書侍郎。 戊午，翰林學士承旨、禮部尚書李谿本官同中書門下平章事。 庚申，谿罷爲太子少傅。御史大夫徐彥若爲中書侍郎兼吏部尚書、同中書門下平章事。 七月，綮爲太子少保致仕。	二月，昭度守太傅。	
895 二年乙卯	正月己巳，給事中陸希聲爲戶部侍郎、同中書門下平章事。 二月乙未，李谿爲戶部侍郎、同中書門下平章事，判度支。 三月，胤檢校尚書右僕射、同平章事、護國節度使。谿罷爲檢校吏部尚書，守太子少師。戶部侍	八月辛丑，河東節度使檢校太傅、同平章事李克用守太師兼中書令，充邠寧四面行營都統。	六月癸巳，孔緯爲司空。 九月丙辰，彥若爲司空。 癸亥，緯薨。

郎、判戶部王搏爲中書侍郎、同中書門下平章事。
四月，希聲罷爲太子少師，昭度太保致仕。
六月癸巳，吏部尚書孔緯爲司空兼門下侍郎、同中書門下平章事，彥若爲尚書左僕射兼門下侍郎。
七月庚申，京兆尹、檢校司徒兼戶部尚書、判度支、諸道鹽鐵轉運使嗣薛王知柔權知中書事及隨駕置頓使。
甲子，崔胤爲中書侍郎兼禮部尚書、同中書門下平章事。
辛未，知柔爲淸海軍節度使、同平章事，仍權知京兆尹、判度支，充諸道鹽鐵轉運等使。
八月壬子，昭緯罷爲尚書左僕射。搏爲門下侍郎兼戶部尚書、判度支、諸道鹽鐵轉運使。

	九月，胤判戶部。 十月，京兆尹孫偓爲戶部侍郎、同中書門下平章事，判戶部。	三月，彥若兼侍中、大明宮留守、京畿安撫制置使。
三年丙辰	五月，偓爲兵部侍郎。 七月乙巳，胤檢校禮部尚書、同平章事、武安軍節度使。偓爲中書侍郎。 丙午，翰林學士承旨、尚書左丞陸扆爲戶部侍郎、同中書門下平章事。 八月甲寅，摶檢校戶部尚書、同平章事、威勝軍節度使。 戊午，扆爲中書侍郎，判戶部。 乙丑，國子監毛詩博士朱朴爲左諫議大夫、同中書門下平章事。 九月乙未，崔胤爲中書侍郎兼戶部尚書、同中書門下平章事，翰林學士承旨、兵部侍郎崔遠	

本官同中書門下平章事。
丁酉，扆貶峽州刺史。
己亥，朴判戶部。
戊申，偓爲門下侍郎兼諸道鹽鐵轉運使，判度支。
十月壬子，偓兼禮部尚書，持節鳳翔四面行營節度諸軍都統、招討處置等使。
戊午，王摶爲吏部尚書、同中書門下平章事。
十一月癸卯，朴爲中書侍郎。

897
四年丁巳

正月己亥，偓罷都統招討使。
二月乙亥，偓罷守禮部尚書，朴罷守祕書監。
三月，遠判戶部。
四月，摶爲門下侍郎兼吏部尚書、諸道轉運等

		使，遠爲兵部尚書。 六月乙巳，遠爲中書侍郎，胤兼戶部尚書。		
	光化			
898	元年戊午	正月，摶爲尚書右僕射兼門下侍郎，胤兼吏部尚書，遠兼工部尚書。	九月，鎭國匡國軍節度使、檢校太尉兼侍中韓建守太傅、兼中書令。	正月，彥若爲司徒。
899	二年己未	正月丁未，胤罷守吏部尚書。兵部尚書陸扆本官同中書門下平章事，未幾，爲中書侍郎兼戶部尚書、平章事。彥若兼門下侍郎。	十一月，彥若爲太保。	十一月，摶爲司空。
900	三年庚申	四月，遠兼吏部尚書。 六月丁卯，崔胤爲尚書左僕射兼門下侍郎、同中書門下平章事、諸道鹽鐵轉運等使。 九月乙巳，彥若檢校太尉、同平章事、淸海軍節度使。		六月，摶罷爲工部侍郎。

		丙午，遠罷爲兵部尙書。 戊申，刑部尙書裴贄爲中書侍郎兼刑部尙書、同中書門下平章事，扆爲門下侍郎兼戶部尙書。		
901	天復 元年辛酉	二月，翰林學士、戶部侍郎王溥爲中書侍郎，吏部侍郎裴樞爲戶部侍郎，並同中書門下平章事。 五月，扆兼兵部尙書，贄兼戶部尙書。 十一月辛酉，兵部侍郎盧光啓權句當中書事，兼判三司。 丁卯，光啓爲右諫議大夫，參知機務。 甲戌，胤、樞罷，並守工部尙書。		正月，胤爲司空。
902	二年壬戌	正月丁卯，給事中韋貽範爲工部侍郎、同中書門下平章事，判度支。 四月，光啓罷爲太子少保。		

五月庚午，貽範以母喪罷。

六月丙子，中書舍人蘇檢爲工部侍郎、同中書門下平章事。

八月己亥，貽範起復，守戶部侍郎、同中書門下平章事，依前充諸道鹽鐵轉運等使，判度支。

十一月丙辰，貽範薨。

三年癸亥

正月壬子，崔胤守司空兼門下侍郎、同中書門下平章事，判使如故；辛未，兼判六軍十二衞事。

二月甲戌，扆貶沂王傅，分司東都。

丙子，胤兼侍中。檢爲全忠所害。溥罷爲戶部侍郎。

乙未，淸海軍節度使、檢校尚書右僕射、同平章事裴樞爲門下侍郎、同中書門下平章事。

十二月，贄罷爲尚書左僕射。

辛巳，禮部尚書獨孤損爲兵部侍郎、同中

二月庚辰，胤守司徒、宣武宣義天平護國軍節度、晉絳慈隰觀察處置安邑解縣兩池榷鹽制置等使、檢校太師兼中書令梁王朱全忠守太尉、中書令，充諸道兵馬副元帥；四月己卯，判元

	書門下平章事。		帥府事。八月庚辰，劍南東西川節度使、檢校太師王建守司徒。
904 天祐元年甲子	正月乙巳，胤罷為太子少傅，分司東都。兵部尚書崔遠為中書侍郎，翰林學士、左拾遺柳璨為右諫議大夫，並同中書門下平章事。樞判左三軍事、諸道鹽鐵轉運等使，損判右三軍事、判度支。閏四月乙卯，損為門下侍郎兼戶部尚書，遠兼兵部尚書，樞為尚書右僕射。		三月丁未，全忠兼判左右神策及六軍諸衛事。
905 二年乙丑	三月甲子，樞罷為尚書左僕射。戊寅，損檢校尚書左僕射、同平章事、靜海軍節度使，禮部侍郎張文蔚同中書門下平章事。		十一月辛巳，全忠進封魏王，授相國，總百揆。十二月丁酉，全忠為

	甲申，吏部侍郎楊涉同中書門下平章事、判戶部，文蔚爲中書侍郎、判度支，璨爲門下侍郎兼戶部尚書。遠罷爲尙書右僕射。十二月癸卯，璨爲司空、諸道鹽鐵轉運使；癸丑，貶登州刺史。		天下兵馬元帥。癸卯，璨爲司空。癸丑，璨貶登州刺史。
906 三年丙寅			三月戊寅，全忠爲諸道鹽鐵等使，判度支戶部事，充三司都制置使。閏十二月丙寅，建削奪官爵。
907 四年丁卯			

唐書卷六十四

表第四

方鎭一

高祖、太宗之制，兵列府以居外，將列衞以居內，有事則將以征伐，事已各解而去。兵者，將之事也，使得以用，而不得以有之。及其晚也，土地之廣，人民之衆，城池之固，器甲之利，舉而予之。何慮於其始也深，而易於其後也忽，如此之異哉？豈其弊有漸，馴而致之，勢有不得已而然哉？方鎭之患，始也各專其地以自世，既則迫於利害之謀，故其喜則連衡而叛上，怒則以力而相并，又其甚則起而弱王室。唐自中世以後，收功弭亂，雖常倚鎭兵，而其亡也亦終以此，可不戒哉！作方鎭表。

	京畿	興鳳隴	涇原	邠寧	渭北鄜坊	朔方	東畿
公元710 景雲元年							
711 二年							
712 先天元年							
713 開元元年							
714 二年							
715 三年							
716 四年							
717 五年							
718 六年							

719	720	721	722	723	724
七年	八年	九年	十年	十一年	十二年
		置朔方軍節度使，領單于大都護府，夏、鹽、綏、銀、豐、勝六州，定遠、豐安二軍，東、中、西三受降城。	朔方節度增領魯、麗、契三州。		

725 十三年							
726 十四年						朔方節度領關內支度營田使。	
727 十五年						朔方節度兼關內鹽池使。	
728 十六年						廢達渾都督府。朔方節度兼檢校渾部落使。	
729 十七年							
730 十八年							
731 十九年							

732 二十年							朔方節度增領押諸蕃部落使及閑廄宮苑監牧使。	
733 二十一年								
734 二十二年							朔方節度兼關內道採訪處置使，增涇、原、寧、慶、隴、鄜、坊、丹、延、會、宥、麟十二州，以匡、長二州隸慶州，安樂州隸原州〔一〕。	

公元	年							
735	二十三年							
736	二十四年							
737	二十五年							
738	二十六年							
739	二十七年							
740	二十八年							
741	二十九年						朔方節度兼六城水運使。	
742	天寶元年						朔方節度增領邠州。	
743	二年							
744	三載							
745	四載							

746	五載							
747	六載							
748	七載							
749	八載						朔方節度兼隴右兵馬使。	
750	九載							
751	十載							
752	十一載							
753	十二載							
754	十三載						以豐州置九原朔方節度、隴右兵馬使。	

755 十四載							
756 至德元載	置京畿節度使，領京兆、同、岐、金、商五州。是年，以金、商、岐州隸興平鳳翔，同州隸河中。					別置關內節度使以代採訪使，徙治安化郡。	置東畿觀察使，領懷、鄭、汝、陝四州，尋以鄭州隸淮西。
757 二載							
758 乾元元年						置振武節度押蕃落使，領鎮北大都護府、麟勝二州。	陝州隸陝虢華節度，汝州隸豫許汝節度。

759 二年				置邠寧節度使，領州九：邠、寧、慶、涇、原、鄜、坊、丹、延。			置陝虢華節度，領潼關防禦、團練、鎮守等使，治陝州。
760 上元元年		置興鳳隴節度使。		罷領鄜、坊、丹、延。	置渭北鄜坊節度使，治坊州，并領丹、延二州。		改陝虢華節度為陝西節度，兼神策軍使，尋置觀察使。
761 二年	以華州置鎮國節度，亦曰關東節度。					廢關內節度使，罷領單于大都護，以涇、原、寧、慶、坊、丹、延隸邠寧節度，麟、勝隸振武節度。	陝西節度罷領華州。

762 寶應元年	京畿節度使復領金、商。是年，廢節度使。					振武節度增領鎮北大都護府，以鎮北隸朔方。	陝西觀察使增領都防禦使。
763 廣德元年	罷鎮國軍節度。						懷州隸昭義，陝西觀察使增領虢州。
764 二年	置京畿觀察使，以御史中丞兼之。					朔方節度復兼單于大都護，罷河中、振武節度，以所管七州隸朔方。	罷東畿觀察使。

年							
765 永泰元年	以御史大夫兼京畿觀察使。				渭北鄜坊節度使罷領丹、延二州，增領綏州，以丹、延二州別置都團練使，治延州。是年，增領安塞軍使，尋升爲觀察使。		
766 大曆元年							
767 二年							
768 三年			置涇原節度使，治涇州。	罷邠寧節度使。		朔方節度增領邠、寧、慶三州。	

769 四年							
770 五年			涇原節度使馬璘訴地貧軍廩不給，遙領鄭、潁二州。				
771 六年					渭北鄜坊節度使更名渭北節度使，復領丹、延二州，廢丹延觀察使。		
772 七年							
773 八年							

774	九年						
775	十年						
776	十一年						
777	十二年						
778	十三年						
779	十四年			潁州隸永平節度使。	復置邠寧慶節度使。	罷渭北節度，置都團練觀察使。	析置河中、振武、邠寧三節度，朔方所領靈鹽夏豐四州、西受降城、定遠天德二軍。振武節度復領鎮北大都護府及綏	復置東畿觀察使，以留臺御史中丞兼之，復領汝州，廢陝西防禦觀察使。

						銀二州、東中二受降城。	
建中元年 780							
二年 781			鄭州隸永平節度、				以汝州隸河陽，尋復舊。復置陝西防禦使。置河陽三城節度使，以東都畿觀察使兼之，領懷、鄭、汝、陝四州，尋置使，增領東畿五縣及衞州，亦曰懷衞節度使。

782 三年							
783 四年	置京畿渭南節度觀察使，領金、商二州。是年，兼渭北、鄜坊、丹、延、綏五州。未幾，罷五州及金州，爲京畿商州節度使。	興鳳隴節度賜號保義節度。是年，罷保義，以隴州置奉義軍節度使，尋廢。			復置渭北節度，如上元之舊，尋罷。未幾復置，徙治鄜州，其後置都團練觀察防禦使。		罷觀察，置東畿汝州節度。置陝西都防禦使，尋升爲節度使。
784 興元元年	罷京畿節度使，以同州爲奉誠軍節度，領同、晉、慈、隰						廢陝西節度使。

	785 貞元元年
四州。是年罷，以華州置潼關節度使。	
	保義節度增領臨洮軍使。
	廢東都畿汝州節度，置都防禦使，以東都留守兼之，增領唐、鄧二州。置陝虢都防禦使，治陝州，踰月，又爲都防禦觀察陸運使，罷河陽節度，置都團練使。

786 二年	787 三年
	罷保義節度，置都團練觀察防禦使。未幾，復置節度，兼右神策軍行營節度使。初，隴右節度兵入屯秦州，尋徙岐州，及吐蕃陷隴右，德宗置行秦
	復置渭北節度使，以綏州隸銀夏節度。
	置夏州節度觀察處置押蕃落使，領綏、鹽二州，其後罷領鹽州。
升東都畿汝州都防禦使爲都防禦觀察使。	唐、鄧二州隸山南東道。

	788 四年	789 五年	790 六年
州，以刺史兼隴右經略使，治普潤，以鳳翔節度使領隴右支度營田觀察使。			涇原節度領四鎮北庭行軍節度使。
		罷東都畿汝州觀察使，置都防禦使，汝州別置防禦使。	

791	七年							
792	八年							
793	九年	罷潼關節度。						
794	十年							
795	十一年							
796	十二年						朔方節度罷領豐州及西受降城、天德軍，以振武之東、中二受降城隸天德軍，以天德軍置都團練防禦使，領豐、會二州、三受降城。	復置河陽懷節度，治河陽。

797	十三年							
798	十四年							
799	十五年							
800	十六年							
801	十七年							
802	十八年							
803	十九年							
804	二十年							
805	永貞元年							
806	元和元年		升隴右經略使爲保義節度，尋罷保義。			析丹州置防禦使。		

	807 二年	808 三年	809 四年	810 五年	811 六年	812 七年	813 八年
復舊名。是年，增領靈臺、良原、崇信三鎮。							
			涇原節度增領行渭州。				
		罷東都畿汝州都防禦使。					

814 九年						夏州節度增領宥州。	河陽節度增領汝州，徙治汝州。
815 十年							
816 十一年							
817 十二年							
818 十三年							汝州隸東畿，復置東都畿汝州都防禦使，兼東都留守如故，罷河陽節度。
819 十四年							
820 十五年							

821 長慶元年							東都畿防禦罷領汝州。
822 二年							東都畿復領汝州。
823 三年							
824 四年							
825 寶曆元年							
826 二年							
827 大和元年							
828 二年							

829 三年							以陝虢地近京師，罷陝虢都防禦使。
830 四年							
831 五年							
832 六年							
833 七年						以銀州刺史領銀川監牧使。	
834 八年							
835 九年							
836 開成元年							復置陝虢都防禦觀察使。

837	二年							
838	三年						夏州節度使領採造供軍、銀川監牧使。	
839	四年							
840	五年							
	會昌							
841	元年							
842	二年						天德軍使賜號歸義軍節度使，尋廢。	
843	三年						改單于大都護爲安北都護。	復置河陽節度，徙治孟州。

844 四年							河陽節度增領澤州。
845 五年							
846 六年							
847 大中元年							
848 二年							
849 三年				邠寧節度以南山平夏部落叛，徙治寧州，及內附，復徙故治。			
850 四年		增領秦州。					

851 五年		罷領隴州，以隴州置防禦使，領黃頭軍使		增領武州。			
852 六年							
853 七年							
854 八年						朔方節度增領威州。	
855 九年							
856 十年						夏州節度使增領撫平党項等使。	
857 十一年							

858 十二年							
859 十三年							
咸通							
860 元年							
861 二年							
862 三年							
863 四年							
864 五年			秦州隸天雄軍節度。				
865 六年							
866 七年							
867 八年							

868	九年							
869	十年							
870	十一年							
871	十二年							
872	十三年							
873	十四年							
874	乾符元年							
875	二年							
876	三年							
877	四年							
878	五年							

879 六年							
880 廣明元年							
881 中和元年							
882 二年					渭北節度賜號保大軍節度，增領翟州，以延州置保塞軍節度。	夏州節度賜號定難節度。	
883 三年		隴州防禦使增京甸神勇軍使。					升陝虢防禦觀察使爲節度使。

884	885	886	887	888	889
四年	光啓元年	二年	三年	文德元年	龍紀元年
	邠寧節度賜號靜難軍節度。				
	置東畿觀察兼防遏使。		升東畿觀察兼防遏使爲佑國軍節度。		賜陝虢節度爲保義軍節度。

890 大順元年							
891 二年							
892 景福元年							
893 二年							
894 乾寧元年	以乾州置威勝軍節度。	鳳翔節度增領乾州，未幾罷。	涇原節度賜號彰義軍節度，增領渭、武二州。				汝州隸忠武軍節度。
895 二年	升同州爲匡國軍節度。						
896 三年							

年份							
897 四年							
898 光化元年	以華州置鎮國軍節度，領華、同二州，兼興德尹〔三〕。				更保塞軍節度曰寧塞軍節度，後又更名衞國軍節度。罷丹州防禦使，以丹州隸衞國軍。		
899 二年							
900 三年	罷鎮國軍節度及興德尹。						復置東畿觀察使，兼防遏使。置佑國軍節度。河陽節度罷領澤州。

901 天復元年		升隴州防禦使爲保勝節度使。					
902 二年							
903 三年							
904 天祐元年	以京畿置佑國軍節度使，領金、商二州。						罷東畿觀察使兼防遏使。
905 二年							

906	三年	置義勝軍節度使，領耀、鼎二州，罷匡國軍。
907	四年	

校勘記

〔一〕安樂二州隸原州　按本書卷三七地理志載：咸亨三年以靈州之故鳴沙縣置安樂州，至德後沒吐蕃，大中三年收復，更名威州。寰宇記卷三六略同。此處「二」字疑衍，或「二」上脫一州名。

〔二〕以華州置鎮國軍節度領華同二州兼興德尹　此繫於光化元年。考異卷四六云：「通鑑大順元年，張濬用兵河東，時韓建已爲鎮國軍節度使，非於此時始置節度也；其兼領同州節度，亦在乾寧四年；惟興德尹之稱，則於是年始授。蓋改州爲府，因進刺史爲尹耳。」

唐書卷六十五

表第五

方鎮二

公元		滑衞	河南	鄭陳	淮南西道	徐海沂密	青密	北都
710	景雲元年							
711	二年							北都長史領持節和戎、大武等諸軍州節度使。

712	先天元年							
713	開元元年							
714	二年							
715	三年							
716	四年							
717	五年							領天兵軍大使。
718	六年							
719	七年							
720	八年							更天兵軍大使為天兵軍節度使。

年							
721 九年							
722 十年							
723 十一年							更天兵軍節度爲太原府以北諸軍州節度、河東道支度營田使兼北都留守，領太原及遼、石、嵐、汾、代、忻、朔、蔚、雲九州，治太原。
724 十二年							
725 十三年							
726 十四年							
727 十五年							

728 十六年							
729 十七年							以儀、石二州隸潞州都督。
730 十八年							更太原府以北諸軍州節度爲河東節度。自後節度使領大同軍使，副使以代州刺史領之，復領儀、石二州。
731 十九年							
732 二十年							
733 二十一年							

734	735	736	737	738	739	740	741		742	743	744	745
二十二年	二十三年	二十四年	二十五年	二十六年	二十七年	二十八年	二十九年	天寶	元年	二年	三載	四載

746 五載							
747 六載							
748 七載							
749 八載							
750 九載							
751 十載							
752 十一載							
753 十二載							
754 十三載							
755 十四載							
756 至德元載		置河南節度使，治汴州，領郡十三：陳留、		置淮南西道節度使，領義陽、弋陽、潁川、		置青密節度使，領北海、高密、東牟、東萊	

	757 二載	758 乾元元年
睢陽、靈昌、淮陽、汝陰、譙、濟陰、濮陽、淄川、琅邪、彭城、臨淮、東海。		廢河南節度使，置汴州都防禦使，領州十三如故；尋以滑、濮二州隸青密節度，亳州隸淮西節度。
滎陽、汝南五郡，治潁川郡。		淮南西道節度徙治鄭州，增領陳、潁、亳三州，別置豫許汝節度使，治豫州。
四郡，治北海郡。置鄆、齊、兗三州都防禦使，治齊州。		青密節度增領滑、濮二州。

二年

廢汴州都防禦使，置汴滑節度使，治滑州，領州五：滑、濮、汴、曹、宋。又置河南節度使，治徐州，領州五：徐、泗、海、亳、潁。未幾，潁州隸鄭陳節度，尋復領潁州。是年，又以濮州隸兗鄆節度，潁、亳二州隸鄭陳節度。

置鄭陳節度使，領鄭、陳、亳、潁四州，治鄭州，尋增領申、光、壽三州；未幾，以三州隸淮西。

廢淮南西道節度使，以陳、潁、亳隸陳鄭。是年，復置淮南西道節度使，領申、光、壽、安、沔、蘄、黃七州，治壽州。

青密節度使增領淄、沂、海三州。滑州隸汴滑節度使，濮州隸鄆齊兗節度使。是年以海州隸汴滑節度。

升鄆、齊、兗三州都防禦使為節度使，治兗州，增領濮州，尋以濮州隸河南節度。

760 上元元年		以海州隸青密節度。				海州復隸青密節度。	
761 二年	置滑衛節度使，治滑州，領州六：滑、衛、相、魏、德、貝。尋以德州隸淄沂節度而增領博州。	廢汴滑、河南二節度，以徐、泗、汴、宋、曹五州隸淮西節度，滑州隸滑衛節度。	廢鄭陳節度，以鄭、陳、亳、潁四州隸淮西。	淮南西道節度使增領陳、鄭、潁、亳、汴、曹、宋、徐、泗九州，徙治安州，號淮西十六州節度使。尋以亳州隸滑衛節度，徐州隸兗鄆節度。		置淄沂節度使，領淄、沂、滄、德、棣五州，治沂州。平盧軍節度使侯希逸引兵保青州，授青密節度使，遂廢淄沂節度，并所管五州，號淄青平盧節度，增領齊州。以	

	762 寶應元年	763 廣德元年
		滑衛節度增領亳州，更號
	復置河南節度使，治汴州，領州八：汴、宋、曹、徐、潁、兗、鄆、濮。	
	淮西節度增領許、隋、唐三州，以鄭州隸澤潞節度，潁、汴、宋、曹四州隸河南節度，泗州隸兗鄆節度，申州隸蔡汝節度。	
齊州隸青密，而兗鄆節度增領徐州。	登、萊、沂、海、泗五州隸兗鄆節度。是年，廢兗鄆節度，以鄆、兗、濮、徐四州隸河南節度，登、萊、沂、海、泗隸淄青平盧節度。	滄、德二州隸魏博節度。淄

	764 二年	765 永泰元年	766 大曆元年
滑亳節度使，增領德州、以衞州隸澤潞，析相、貝別置節度，魏博別置防禦。			
		沔、蘄、黃三州隸鄂岳節度。	
青平盧節度增領瀛州；未幾，瀛州復隸魏博節度。		淄青平盧節度增領押新羅渤海兩蕃使〔一〕。	

767 二年							
768 三年				蔡汝節度增領仙州。			
769 四年	滑亳節度增領陳州。	河南節度增領泗州，以潁州隸澤潞節度。				淄青平盧節度罷領海、沂、密三州，置海、沂、密三州都防禦使，尋廢，復以三州隸淄青平盧節度。	
770 五年				省仙州。			
771 六年							

772	七年	賜滑亳節度爲永平節度。					
773	八年				淮西節度使徙治蔡州，廢蔡汝節度使，所管州皆隸淮西節度。		
774	九年						
775	十年						淄青平盧節度又領德州。
776	十一年	永平節度增領宋、泗二州。	廢河南節度使，曹、兗、鄆、濮、徐五州隸淄青節度，宋、潁、		淮西節度使增領汴州，徙治汴州。		淄青平盧節度增領鄆、曹、濮、徐、兗五州，以泗州隸永

	777 十二年	778 十三年	779 十四年
			永平節度增領汴、潁二州，徙治汴州。
泗三州隸永平軍節度，汴州隸淮西節度。			
			淮西節度使復治蔡州，是年賜號淮寧軍節度，尋更號申光蔡節度使，汝州隸東都畿，汴州隸永平軍節度。
平軍節度。			

年							
建中元年 780							
二年 781	永平節度增領鄭州，析宋、亳、潁別置節度使，以泗州隸淮南。是年以鄭州隸河陽三城節度，旣而復舊。	置宋亳潁節度使，治宋州、壽號宣武軍節度使。					
三年 782					置徐海沂密都團練觀察使，治徐州。	廢淄青平盧節度使，置淄青都團練觀察使，領淄、青、	

	783 四年	784 興元元年
		永平軍節度以汴、滑二州隸宣武軍，尋復領滑州，徙治滑州。
		宣武軍節度使徙治汴州。
		壽州別置觀察使。
		廢徐海沂密都團練觀察使。
登、萊、齊、兗、鄆七州，治青州；置曹濮都團練觀察使，治濮州。		復置淄青平盧節度使，領青、淄、登、萊、齊、兗、鄆、徐、海、沂、密、曹、濮十三州，治青州，廢曹濮都團練觀察使。
		賜河東節度號保寧軍節度。

785 貞元元年	786 二年	787 三年	788 四年	789 五年	790 六年
永平軍節度更號義成軍節度，增領許州。		以許州隸陳許節度使。			
		置陳許節度使，治許州。			
唐州隸東都畿，許州隸義成軍節度。		安州隸山南東道。			
			置徐、泗、濠三州節度使，治徐州。		
			淄青平盧節度使徙治鄆州，以徐州隸徐泗節度。		
		保寧軍節度復爲河東節度。			

791 七年							
792 八年							
793 九年							
794 十年			陳許節度賜號忠武軍節度使。				
795 十一年							
796 十二年							
797 十三年							
798 十四年				申光蔡節度賜號彰義軍節度。			
799 十五年							

800 十六年					廢徐、泗、濠三州節度使，未幾，復置泗、濠二州觀察使，隸淮南。徐州領本州留後。		
801 十七年							
802 十八年							
803 十九年							
804 二十年							
805 永貞元年							

元和							
806 元年							
807 二年					廢泗、濠二州觀察使，置武寧軍節度使，治徐州，領徐、泗、濠三州。		
808 三年							
809 四年					武寧軍節度增領宿州。		
810 五年							
811 六年							
812 七年							

813 八年							
814 九年							
815 十年							
816 十一年					彰義軍節度增領唐、隋、鄧三州，尋以三州別置節度使。		
817 十二年				忠武節度增領溵州。	彰義軍節度復爲淮西節度，增領溵州，未幾，以溵州隸忠武軍節度。		

818 十三年			忠武軍節度增領蔡州。	廢淮西節度。		
819 十四年						淄青平盧節度使領青、淄、齊、登、萊五州，復治青州。置鄆曹濮節度使，治鄆州。置沂海觀察使，領沂、海、兗、密四州，治沂州。
820 十五年						賜鄆曹濮節度使號天平軍節度使

821 長慶元年					宿州隸淮南節度。	升沂海觀察使爲節度使，徙治兗州。	河東節度使領押北山諸蕃使。
822 二年	義成軍節度使復領潁州。		省澱州。				
823 三年							
824 四年							
825 寶曆元年							
826 二年							
827 大和元年						齊州隸橫海節度。	
828 二年						淄青平盧節度增領棣州。	

829	三年						
830	四年						
831	五年						
832	六年						
833	七年					宿州復隸武寧節度。	
834	八年					廢沂海節度使爲觀察使。	
835	九年						
836	開成元年						
837	二年						
838	三年						

839 四年	840 五年	會昌	841 元年	842 二年	843 三年	844 四年
					河東節度使罷領雲、朔、蔚三州，以雲、蔚、朔三州置大同都團練使，治雲州。	升大同都團練使爲大同都防禦使。

845 五年							
846 六年							
大中 847 元年							
848 二年				置蔡州防禦使、龍陂監牧使。			
849 三年							
850 四年							
851 五年						升沂海觀察使爲節度使。	
852 六年							
853 七年							

854	八年						
855	九年						
856	十年						
857	十一年						
858	十二年						
859	十三年						
	咸通						
860	元年						
861	二年						
862	三年					罷武寧軍節度。置徐州團練防禦使，隸兗海。又置宿、	沂海節度使增領徐州。	

	863 四年	864 五年	865 六年	866 七年
泗等州都團練觀察處置使，治宿州。	罷徐州防禦使，以濠州隸淮南節度。	置徐泗團練觀察處置使，治徐州。		
		天平軍節度增領齊、棣二州。沂海節度使罷領徐州。		

867	八年							
868	九年							
869	十年					置徐泗節度使，是年，復置都團練防禦使，增領濠、宿二州。		
870	十一年					置徐泗觀察使，尋賜號感化軍節度使。		
871	十二年							
872	十三年						淄青平盧節度復領齊、棣二州。	

873 十四年						
乾符						
874 元年						
875 二年				感化軍節度罷領泗州。		
876 三年						
877 四年						
878 五年						升大同都防禦使爲節度使。
879 六年						
廣明						
880 元年						

中和元年 881							
二年 882			蔡州置奉國軍節度。	升蔡州防禦使爲奉國軍節度。			河東節度增領麟州，以忻、代二州隸鴈門節度。更大同節度爲鴈門節度，領左神策軍、天寧鎮遏觀察使，徙治代州。
三年 883							賜鴈門節度爲代北節度。
四年 884							河東節度復領雲、蔚二州。

885 光啓元年							
886 二年	義成軍節度使改爲宣義軍節度使，朱全忠請改，以避其父名。						
887 三年							
888 文德元年							
889 龍紀元年							河東節度增領憲州。
890 大順元年							

891 二年							
892 景福元年							
893 二年							
894 乾寧元年			忠武軍節度增領汝州。				
895 二年						析齊州置武肅軍防禦使。	
896 三年							
897 四年				奉國軍節度增領申、和二州。		賜沂海節度使爲泰寧軍節度使。	

898 光化元年					感化軍節度復爲武寧軍節度，未幾，復爲感化軍節度。		
899 二年							
900 三年			汝州隸東都。				
901 天復元年						罷武肅軍防禦使。	
902 二年					罷感化軍節度。		
903 三年							

天祐	元年 904	二年 905	三年 906	四年 907

校勘記

〔一〕淄青平盧節度增領押新羅渤海兩蕃使　「渤海」，各本原作「北海」。按舊書卷一二四李正己傳平盧節度使侯希逸爲其下所逐，因授李正己「平盧淄青節度觀察使，海運押新羅渤海兩蕃使」。通鑑卷二二三繫於永泰元年，與本書合。又唐會要卷七八，平盧淄青節度加「押新羅渤海兩蕃使」之文數見。足證「北海」爲「渤海」之訛，據改。

唐書卷六十六

表第六

方鎮三

	河中	澤潞沁	成德	義武	幽州	魏博	橫海
公元710 景雲元年							
711 二年							
712 先天元年							

年							
713 開元元年					幽州置防禦大使。		
714 二年					置幽州節度、諸州軍管內經略、鎮守大使，領幽、易、平、檀、嬀、燕六州，治幽州。置營平鎮守治太平州〔一〕。		
715 三年							
716 四年							
717 五年					營州置平盧軍使。		

718	六年							
719	七年					升平盧軍使爲平盧軍節度，經略、河北支度、管內諸蕃及營田等使，兼領安東都護及營、遼、燕三州。		
720	八年					幽州節度兼本軍州經略大使，并節度河北諸軍大使。		
721	九年							
722	十年							

723	十一年							
724	十二年							
725	十三年							滄州置橫海軍使。
726	十四年							
727	十五年					幽州節度大使兼河北支度營田使。		
728	十六年							
729	十七年							
730	十八年					幽州節度增領薊、滄二州。		
731	十九年							

732	733	734	735	736	737	738
二十年	二十一年	二十二年	二十三年	二十四年	二十五年	二十六年
幽州節度使兼河北採訪處置使，增領衞、相、洺、貝、冀、魏、深、趙、恆、定、邢、德、博、棣、營、鄚十六州及安東都護府。						

739 二十七年					幽州節度使增領河北海運使。		
740 二十八年					平盧軍節度使兼押兩蕃、渤海、黑水四府經略處置使。		
741 二十九年					幽州節度副使領平盧軍節度副使，治順化州。		
742 天寶元年					更幽州節度使爲范陽節度使，增領歸順、歸德二郡。		

年							
743 二年						平盧軍節度使治遼西故城，副都護領保定軍使。	
744 三載							
745 四載							
746 五載							
747 六載							
748 七載							
749 八載							
750 九載							
751 十載							
752 十一載							

753	十二載							
754	十三載							
755	十四載							
756	至德元載	置河中防禦守捉蒲關使。	置澤潞沁節度使，治潞州。					
757	二載	升河中防禦爲河中節度，兼蒲關防禦使，領蒲、晉、絳、隰、慈、虢、同七州，治蒲州。						
758	乾元元年							

759 二年	河中節度兼河中尹、耀德軍使。虢州隸陝華節度。						
760 上元元年							
761 二年	河中節度增領沁州，以同州隸鎮國軍節度。是年，復以沁州隸澤潞節度。	澤潞節度增領沁州。			滄、德、棣三州隸淄沂節度，衞、相、貝、魏、博五州隸滑衞節度。		

寶應元年	
澤潞節度增領鄭州，又增領陳、邢、洺、趙四州。是年，以趙州隸成德軍節度。	
置成德軍節度使，領恆、定、易、趙、深五州，治恆州。	
范陽節度使復爲幽州節度使，及平盧陷，又兼盧龍節度使。以恆、定、易、趙、深五州隸成德軍節度，邢州隸澤潞節度，置平盧防禦本軍營田使。	

廣德元年	
置相衛節度使，治相州。是年，增領貝、邢、洺，號洺相節度。衛州復隸澤潞未幾，復	
成德軍節度增領冀州。	
冀州隸成德軍節度，罷領順、易、歸順三州。	
置魏博等州防禦使，領魏、博、貝、瀛、滄五州，治魏州。是年，升爲節度使，增領德州。	

	764	765
	二年	永泰元年
	廢河中節度，置河中五州都團練觀察使。	
領，號相衞六州節度使。是年，增領河陽三城。澤潞節度增領懷、衞二州，尋以衞州還相衞節度。		
以瀛、滄二州隸淄青平盧節度，貝州隸洺相節度。未幾，復領瀛、滄二州。		

766 大曆元年		相衞六州節度賜號昭義軍節度，後田承嗣盜取相、衞、洺、貝四州，所存者二州。					
767 二年							
768 三年							
769 四年		澤潞節度增領潁州。					
770 五年		潁、鄭二州皆隸涇原節度。					
771 六年							

年							
772 七年						魏博節度增領澶州。	
773 八年							
774 九年							
775 十年			成德軍節度增領滄州。				瀛州隸幽州盧龍節度，滄州隸義武軍節度〔三〕，德州隸淄青平盧節度。
776 十一年						魏博節度增領衛、相、洺、貝四州。	

	年							
777	十二年							
778	十三年							
779	十四年							
780	建中元年		昭義軍節度兼領澤、潞二州，徙治潞州。					
781	二年		昭義軍節度罷領懷衞二州、河陽三城。			省燕州。		
782	三年		昭義軍節度增領洺州，以趙州隸深趙節度。	罷成德軍節度，置恆冀都團練觀察使，治恆州；深趙	置義武軍。	幽州節度復領德、棣二州，後以二州復隸成德軍節度。		

				都團練觀察使，治趙州。				
783	四年							
784	興元元年	置晉慈隰節度使，治晉州。尋罷，復置河中節度使，領河中府、同絳虢陝四州。		廢恆冀、深趙二觀察，復置成德軍節度使，領恆、冀、趙、深四州，治恆州。				
785	貞元元年	河中節度罷領陝、虢二州。		成德軍節度增領德、棣二州。				置德、棣二州都團練守捉使。
786	二年							

787	三年		陳州隸陳許節度。					置横海軍節度使，領滄、景二州，治滄州
788	四年	置晉慈隰防禦觀察使。						
789	五年							
790	六年							
791	七年							
792	八年							
793	九年							
794	十年							
795	十一年							
796	十二年							

797	十三年							
798	十四年							
799	十五年	罷河中節度，置河中防禦觀察使。						
800	十六年	復置河中節度使。						
801	十七年							
802	十八年							
803	十九年							
804	二十年							
805	永貞元年							

元和							
806 元年							
807 二年							
808 三年	罷晉慈隰觀察使，以三州隸河中節度。						
809 四年			德、棣二州隸保信軍節度。				置保信軍節度使，領德、棣二州，治德州。
810 五年			成德軍節度復領德、棣二州。				廢保信軍節度使，以德、棣二州隸成德軍節度。

811	六年							
812	七年							
813	八年							
814	九年							
815	十年							
816	十一年							
817	十二年							
818	十三年			以德、棣二州隸橫海節度。				
819	十四年	罷河中節度，置河中都防禦觀察使。						

820 十五年	復置河中節度使。						
831 長慶元年			置深冀節度，治深州，尋罷，復以深冀隸成德軍節度。		幽州節度罷領瀛、莫二州，置瀛莫都團練觀察使，治瀛州，尋升爲節度使。		置德、棣二州觀察處置使，省景州。
822 二年	置晉慈都團練觀察使，治晉州。				幽州節度復領瀛、莫二州。廢瀛莫節度使。		罷德、棣二州觀察處置使，橫海節度使復領景州。
823 三年							
824 四年							

825 寶曆元年							
826 二年							
827 大和元年	升晉慈觀察使爲保義軍節度。是年罷，以二州隸河中節度。						橫海節度增領齊州。
828 二年							
829 三年						置相、衞、澶三州節度使，治相州，尋罷，三州復隸魏博。	罷橫海節度，更置齊德節度使，治德州、尋廢，復置，更號齊滄德節度使。

830	四年							省景州。
831	五年							齊德滄節度使賜號義昌軍節度。
832	六年							
833	七年							
834	八年							
835	九年							
	開成							
836	元年							
837	二年							
838	三年							
839	四年							

840 五年							
會昌							
841 元年							
842 二年							
843 三年							
844 四年		澤州隸河陽節度〔三〕。					
845 五年							
846 六年							
大中							
847 元年							
848 二年							
849 三年							

850	四年
851	五年
852	六年
853	七年
854	八年
855	九年
856	十年
857	十一年
858	十二年
859	十三年
	咸通
860	元年
861	二年

862	863	864	865	866	867	868	869	870	871	872	873
三年	四年	五年	六年	七年	八年	九年	十年	十一年	十二年	十三年	十四年

874 乾符元年							
875 二年							
876 三年							
877 四年							
878 五年							
879 六年							
880 廣明元年							
881 中和元年							
882 二年		節度使孟方立徙昭義軍					

		於邢州，而兼領潞州，自是五州有二昭義節度。						
883 三年								
884 四年								
885 光啓元年	賜河中節度號護國軍節度。							
886 二年								
887 三年								
888 文德元年								

年							
龍紀 889 元年							
大順 890 元年							
891 二年							
景福 892 元年							義昌軍節度復領景州。
893 二年							
乾寧 894 元年							
895 二年							齊州隸武肅軍節度。
896 三年							

897 四年	898 光化元年	899 二年	900 三年	901 天復元年	902 二年	903 三年	904 天祐元年
				二昭義軍節度合爲一，復領澤州。			
				置平、營、瀛、莫等州觀察使。			
							賜魏博節度號天雄軍節度。

905 二年			更成德軍節度號武順軍節度。				
906 三年							
907 四年							

校勘記

〔一〕治太平州　按本書卷三九及舊書卷三九地理志，河北道有「平州」，無「太平州」。此疑誤。

〔二〕滄州隸義武軍節度　本欄第三格已載「成德軍節度增領滄州」；又按下文，建中三年始置義武軍。並與此矛盾。考異卷四八云「義武當爲成德之訛」。

〔三〕澤州隸河陽節度　考異卷四八：「『澤州』以下七字，當在第二格，誤入第一格。」據改。

唐書卷六十七

表第七

方鎮四

年	南陽	山南西道	荊南	安西	河西	隴右	劍南
公元710 景雲元年				安西都護四鎮經略大使〔一〕。	置河西諸軍州節度、支度營田督察九姓部落、赤水軍兵馬大使，		

					領涼、甘、肅、伊、瓜、沙、西七州，治涼州。副使治甘州，領都知河西兵馬使。		
711 二年							
712 先天元年				北庭都護領伊西節度等使。			
713 開元元年							
714 二年					河西節度使兼隴右羣牧		以益州長史領劍南道支度營

	715 三年	716 四年	717 五年
		安西大都護領四鎮諸蕃落大使。	
都使、本道支度營田等使。			
			置隴右節度，亦曰隴西節度，兼隴右道經略大使，領秦、河、渭、鄯、蘭、臨、武、洮、岷、廓、疊、宕十二州，治鄯州。
田、松當姚巂州防禦處置兵馬經略使。			

718 六年	719 七年
安西都護領四鎮節度、支度經略使，副大都護領磧西節度、支度、經略等使，治西州。	
	河西節度增領經略大使。
	升劍南支度、營田、處置、兵馬經略使爲節度使，兼昆明軍使，領益、彭、蜀、漢、眉、綿、梓、遂、邛、劍、榮、陵、嘉、普、資、巂、黎、戎、

年							
							維、茂、簡、龍、雅、瀘、合二十五州，治益州。
720 八年							
721 九年							
722 十年							
723 十一年							
724 十二年							
725 十三年							
726 十四年							
727 十五年				分伊西、北庭置二節度使。		隴右節度副使兼關西兵馬使。	

728 十六年							
729 十七年							
730 十八年							
731 十九年				合伊西、北庭二節度爲安西四鎮北庭經略、節度使。			
732 二十年							
733 二十一年							
734 二十二年							劍南節度兼山南西道採訪處置使，號山劍西道，增領文、扶、姚三州。

年	1	2	3	4	5	6	7
735 二十三年							
736 二十四年							
737 二十五年							
738 二十六年							
739 二十七年							
740 二十八年							劍南節度增領奉州。
741 二十九年				復分置安西四鎮節度，治安西都護府。北庭伊西節度使治北庭都護府。			

天寶							
742 元年							劍南節度增領霸州。
743 二年							
744 三年							
745 四載						以張掖郡太守領河西節度副使。	
746 五載							
747 六載							
748 七載							
749 八載							劍南節度增領保寧都護府。
750 九載							

751 十載	752 十一載	753 十二載	754 十三載	755 十四載	756 至德元載
					襄陽、南陽二郡皆置防禦守捉使，尋升南陽防禦爲節度使。置興平節度
					置山南西道防禦守捉使。
					置夔州防禦守捉使。
			安西四鎮復兼北庭節度。是年，復置二節度。		
					河西節度兼隴右河西北路，未幾而罷。
					天水郡太守兼防禦守捉使及大震關使。

	二載
使，領上洛、安康、武當、房陵四郡，治上洛郡。	廢南陽節度使，升襄陽防禦使爲山南東道節度使，領襄、鄧、隋、唐、安、均、房、金、商九州，治襄州。
	置荆南節度，亦曰荆澧節度，領荆、澧、朗、郢、復、夔、峽、忠、萬、歸十州，治荆州。升夔州防禦使爲夔峽節度使。
	更安西曰鎮西。
	更劍南節度號西川節度使，兼成都尹，增領果州。以梓、遂、綿、劍、龍、閬、普、陵、瀘、榮、資、簡十二州隸東川節度。

年							
758 乾元元年			廢夔峽節度使。				
759 二年		置興、鳳二州都團練守捉使，治鳳州。	置澧朗溆都團練使，治澧州。以夔、峽、忠、歸、萬五州隸夔州。				
760 上元元年			廢澧朗溆都團練使。荊南節度使兼江陵尹㈢。荊南節度復領澧、朗、忠、峽四州。				

761 二年	762 寶應元年	763 廣德元年
廢興平節度使，置武關內外四州防禦觀察使，領州如故。	金、商二州隸京畿。罷武關內外四州防禦觀察使。	
		升山南西道防禦守捉使爲節度使，尋
荊南節度增領涪、衡、潭、岳、郴、邵、永、道、連九州。		
	劍南節度增領通、巴、蓬、渠四州，尋以四州隸山南西道，其後又領松、當、悉、柘、翼、恭、靜、環、眞九州、	

二年

降爲觀察使，領梁、洋、集、壁、文、通、巴、興、鳳、利、開、渠、蓬十三州，治梁州。

荊南節度罷領忠、涪二州，以衡、潭、邵、永、道五州隸湖南觀察使。置夔忠涪都防禦使，治夔州。

劍南西川節度復領東川十五州。

永泰元年

荊南節度罷領岳州。

766	大曆元年			荊南節度復領澧、朗、涪三州。		河西節度徙治沙州。		置邛南防禦使，治邛州，尋升爲節度使，未幾廢。置劍南西山防禦使，治茂州，未幾廢。復以十五州還東川節度。
767	二年				鎮西復爲安西，其後增領五十七蕃使。			
768	三年							劍南節度增領乾州。
769	四年							

年							
770 五年							
771 六年							
772 七年							
773 八年							
774 九年							
775 十年							
776 十一年							
777 十二年							
778 十三年							
779 十四年							
780 建中元年			升山南西道觀察使爲節度使。				

781 二年							
782 三年							
783 四年							
784 興元元年	置金、商二州都防禦使。	山南西道節度使兼興元尹,增領果、閬二州。					果州隸山南西道。
785 貞元元年	鄧州隸東都畿。						
786 二年							
787 三年	山南東道節度增領復州。						
788 四年							

		1	2	3	4	5	6	7
789	五年							
790	六年				涇原節度使兼領安西四鎮、北庭節度。			
791	七年							
792	八年							
793	九年							
794	十年	安州隸奉義軍節度。						
795	十一年							西川節度增領統押近界諸蠻及西山八國雲南安撫使。

公元	年							
796	十二年							
797	十三年							
798	十四年							
799	十五年							
800	十六年							
801	十七年							
802	十八年							
803	十九年							
804	二十年							
805	永貞元年							西川節度增領古州。
806	元和元年							

807 二年							
808 三年			涪州隸黔中節度。				
809 四年							西川節度復領資、簡二州。
810 五年							
811 六年							
812 七年							
813 八年							
814 九年							
815 十年	置唐隨鄧三州節度使，治唐州。						

816	十一年	廢唐隋鄧節度使，是年復置，徙治隋州。						
817	十二年	廢唐隋鄧節度使，以唐、隋、鄧三州還隸山南東道。						
818	十三年							
819	十四年	山南東道節度增領臨漢監牧使。						
820	十五年							
821	長慶元年							

822	823	824	825	826	827	828	829	830	831
二年	三年	四年	寶曆元年	二年	大和元年	二年	三年	四年	五年

年							
832 六年			廢荊南節度使，置都團練觀察使。				
833 七年	山南東道節度罷臨漢監牧使。						
834 八年							
835 九年							
836 開成元年							
837 二年							
838 三年			復置荊南節度使。				

839	四年								
840	五年								
	會昌								
841	元年								
842	二年								
843	三年								
844	四年	廢山南東道節度，是年復置。							
845	五年								
846	六年								
	大中								
847	元年								

848 二年			荊南節度復領涪州，未幾，復以涪州隸黔中。				
849 三年						升秦州防禦守捉使爲秦成兩州經略、天雄軍使。	
850 四年							
851 五年						置歸義軍節度使，領沙、甘、瓜、肅、鄯、伊、西、河、蘭、岷、廓十一州，治沙州。	

852 六年						秦成兩州經略領押蕃落副使。	
853 七年							
854 八年							
855 九年							
856 十年							
857 十一年							
858 十二年							
859 十三年							
咸通							
860 元年							
861 二年							

862 三年							
863 四年					置涼州節度，領涼、洮、西、鄯、河、臨六州，治涼州。	河、鄯、西三州隸涼州節度。	
864 五年						升秦成兩州經略、天雄軍使為天雄軍節度、觀察、處置、營田、押蕃落等使，增領階州。	
865 六年							
866 七年							

867 八年	868 九年	869 十年	870 十一年
置定邊軍節度，觀察、處置、統押近界諸蠻幷統領諸道行營兵馬制置等使，領嶲、眉、蜀、邛、雅、嘉、黎七州，治邛州。			西川節度復領統押近界諸蠻等使，又增領管內制置、指揮兵馬等使。

							廢定邊軍節度使，復以巂、眉、蜀、邛、雅、嘉、黎七州隸西川節度。
871 十二年							
872 十三年							
873 十四年							
乾符							
874 元年							
875 二年							
876 三年							
877 四年							
878 五年							

879	六年							
880	廣明元年							
881	中和元年							
882	二年							置保勝軍防禦使，治眉州。綿、漢二州皆置防禦使。置彭州防禦使。
883	三年							
884	四年							

885 光啓元年	升金商都防禦使爲節度，兼京畿制置使，萬勝軍等使。是年，罷節度，置昭信軍防禦使，治金州。	升興、鳳二州都團練守捉使爲防禦使，治鳳州。置武定軍節度使，治洋州。					
886 二年		升興、鳳二州防禦使爲感義軍節度使。					
887 三年							
888 文德元年	賜山南東道節度號忠義軍節度。	感義軍節度增領利州。				戍州隸威戎軍節度。	置永平軍節度使，領邛、蜀、黎、雅四州，治邛州。升

年	1	2	3	4	5	6	7	8
								彭州防禦使爲威戎軍節度使，領彭、文、成、龍、茂五州，治彭州。
889 龍紀元年								
890 大順元年								
891 二年			武定軍節度增領階、扶二州。					廢永平軍節度使，以邛、蜀、黎、雅四州復隸西川節度使。

892 景福元年		武定軍節度增領閬、果二州。是年，以閬州隸龍劍節度。					彭州隸龍劍節度。
893 二年							
894 乾寧元年							
895 二年							
896 三年							
897 四年		更感義軍節度曰昭武軍節度。					

898 光化元年	899 二年	900 三年	天復 901 元年	902 二年	903 三年
升昭信軍防禦爲節度使。					
蓬、壁二州隸武定軍節度。		巴州置防禦使。		昭武軍節度罷領利州。	置利州節度使。
置武貞軍節度使，領澧、朗、漵三州，治澧州。					

904 天祐元年						
905 二年	賜昭信軍節度號戎昭軍節度，增領均、房二州。是年，更戎昭軍曰武定軍，徙治均州。	山南西道節度罷領巴、渠、開三州，升巴州防禦使爲渠、巴、開三州團練觀察使。				
906 三年	忠義軍節度復爲山南東道節度。廢武定軍節度，復以均、房二州置興文節度	利州節度增領閬、陵、榮、果、蓬、通六州，更號利閬節度。	升夔忠涪防禦使爲鎭江節度使。			文州隸興文節度。

四年		
	隸山南東道節度。	
	使，領興、文、集、壁四州，治興州。	

校勘記

〔一〕安西都護四鎮經略大使　考異卷四八云：「『都護』下當有『領』字。」

〔二〕荆南節度使兼江陵尹　「江陵」，各本原作「江南」。舊書卷三九地理志、寰宇記卷一四六俱云：「上元元年九月置南都，以荆州爲江陵府，長史爲尹。」本書卷四〇地理志所載略同。明「江南」是「江陵」之訛，據改。

唐書卷六十八

表第八

方鎮五

公元		東川	淮南	江東	浙東	福建	洪吉	鄂岳沔
710	景雲元年							
711	二年							
712	先天元年							

開元	713	714	715	716	717	718	719	720	721	722	723	724
	元年	二年	三年	四年	五年	六年	七年	八年	九年	十年	十一年	十二年

725	十三年							
726	十四年							
727	十五年							
728	十六年							
729	十七年							
730	十八年							
731	十九年							
732	二十年							
733	二十一年					置福建經略使，領福、泉、建、漳、潮五州，治福州。		

	年							
734	二十二年					福建經略使增領汀州，漳、潮二州隸嶺南道經略使。		
735	二十三年							
736	二十四年							
737	二十五年							
738	二十六年							
739	二十七年							
740	二十八年							
741	二十九年							
742	天寶元年					福建經略使復領漳、潮二州。		

743	二年							
744	三載							
745	四載							
746	五載							
747	六載							
748	七載							
749	八載							
750	九載							
751	十載					漳、潮二州隸嶺南經略使。		
752	十一載							
753	十二載							
754	十三載							

755	756	757
十四載	至德元載	二載
		置劍南東川節度使，領梓、遂、綿、劍、龍、閬、普、陵、瀘、榮、資、簡十二州，治梓州。
	置淮南節度使，領揚、楚、滁、和、壽、廬、舒、光、蘄、安、黃、申、沔十三州，治揚州。尋以光州隸淮西。	
		置江東防禦使，治杭州。

乾元元年	二年
	劍南東川增領昌、渝、合三州。
	沔州隸鄂岳節度，壽州隸淮西節度。
置浙江西道節度兼江寧軍使，領昇、潤、宣、歙、饒、江、蘇、常、杭、湖十州，治昇州，尋徙治蘇州，未幾，罷領宣、歙、饒三州，副使兼餘杭軍使，治杭州。	廢浙江西道節度使，置觀察處置都團練守捉及本道營田使，更領丹陽軍使，
置浙江東道節度使，領越、睦、衢、婺、台、明、處、溫八州，治越州。	
改福建經略使爲都防禦使兼寧海軍使。	
置洪吉都防禦團練觀察處置使兼莫傜軍使，領洪、吉、虔、撫、袁五州，治洪州。置宣歙饒觀察使，治宣州。	廢宣歙饒觀察使
	置鄂、岳、沔三州都團練守捉使，治鄂州

	上元元年 760	二年 761	寶應元年 762	廣德元年 763
治蘇州，復領宣、歙、饒三州。		浙江西道觀察使徙治宣州，罷領昇州。杭州刺史領防禦使。		
	升福建都防禦使爲節度使。			
	洪吉觀察使增領信州。			
	岳州隸荊南節度。			

764	二年	廢東川節度，以所管十五州隸西川節度。					洪吉都防禦團練觀察使更號江南西道。	
765	永泰元年		蘄、黃二州隸鄂岳節度。					升鄂州都團練使爲觀察使，增領岳、蘄、黃三州。
766	大曆元年	復置劍南東川節度使，領州如故。		浙江西道觀察使罷領宣、歙二州。			復置宣歙池等州都團練守捉觀察處置使兼采石軍使。	

767 二年	廢劍南東川節度，置都防禦觀察使兼靜戎軍使，治遂州。尋復置節度使，治梓州。					
768 三年						
769 四年						
770 五年				廢浙江東道節度使，置都團練守捉及觀察處置等使，領州如故。		

771	六年	劍南東川節度罷領昌州。				廢福建節度使，置都團練觀察處置使。		
772	七年							
773	八年							
774	九年							
775	十年	劍南東川節度復領昌州。						
776	十一年							
777	十二年			浙江西道觀察使罷領丹楊軍使。				鄂州觀察使兼防禦使。
778	十三年							

779 十四年			合浙江東、西道置都團練觀察使。	廢浙江東道都團練觀察使，以所管州隸浙江西道。		廢宣歙池觀察使，置團練使。	罷鄂州觀察防禦使。
780 建中元年			分浙江東、西道都團練觀察使爲二道。	復置浙江東道都團練觀察使。			
781 二年		淮南節度增領泗州。	合浙江東、西二道觀察置節度使，治潤州，尋賜號鎮海軍節度。	廢浙江東道都團練觀察使，以所管州隸浙江西道。			省沔州。
782 三年							

783	784
四年	興元元年
	閬州隸山南西道。
置壽州團練使。	淮南節度罷領濠、壽、廬三州。升壽州團練使爲都團練觀察使，領壽、濠、廬三州，治壽州。
升江南西道都防禦團練觀察使爲節度使。	
復置鄂州都團練觀察使。復領沔州。	

785	貞元元年						廢江南西道節度使，復置都團練觀察使。	
786	二年							
787	三年			分浙江東、西爲二道，復置浙江西道都團練觀察使，領潤、江、常、蘇、杭、湖、睦七州，治蘇州。				
788	四年		淮南節度復領廬、壽二州，以泗州隸徐	江州隸江西觀察使。			江南西道觀察使增領江州。	

年						
			泗節度，廢壽州都團練觀察使爲團練使。			
789 五年						
790 六年						
791 七年						
792 八年						
793 九年						
794 十年						
795 十一年						
796 十二年						
797 十三年						

798 十四年							
799 十五年							置安黃節度觀察使，治安州。
800 十六年		置舒、廬、滁、和四州都團練使，隸淮南節度。					
801 十七年							
802 十八年							
803 十九年							賜安黃節度觀察使號奉義軍節度。

804 二十年	805 永貞元年	806 元和元年	807 二年
			淮南節度罷領楚州，尋復領楚州。升壽州團練使爲都團練
			升浙江西道都團練觀察使爲鎮海軍節度使〔一〕。
		罷奉義軍節度使，升鄂岳觀察使爲武昌軍節度使，增領安、黃二州。	

	808 三年	809 四年	810 五年
		資、簡二州隸西川節度。	
使，領壽、泗、楚三州，治泗州。尋廢都團練使，復爲壽州團練使，以泗州隸武寧節度，楚州隸淮南節度。			
		廢浙江西道節度使，復置觀察使，領鎮海軍使。	
			罷武昌軍節度使，置鄂岳

	811 六年	812 七年	813 八年	814 九年	815 十年	816 十一年	817 十二年	818 十三年
								淮南節度增領光州。
	浙西觀察罷領鎮海軍使。							
	宣歙團練使罷領采石軍使。							
都團練觀察使。								鄂岳觀察使增領申州。

819	十四年							
820	十五年							
	長慶							
821	元年		淮南節度增領宿州。					
822	二年							
823	三年							
824	四年							
	寶曆							
825	元年							
826	二年							省泗州。
	大和							
827	元年							
828	二年							

829 三年							
830 四年							
831 五年							
832 六年							
833 七年		宿州隸武寧軍節度。					
834 八年							
835 九年			復置鎮海軍節度使，數日廢，既而復置，踰月又廢。				
836 開成元年							

年							
837 二年							
838 三年							
839 四年							
840 五年							
會昌 841 元年							
842 二年							
843 三年							
844 四年							
845 五年							
846 六年							
大中 847 元年							復置武昌軍節度使。

848 二年								罷武昌軍節度使。
849 三年								
850 四年								復置武昌軍節度。
851 五年								
852 六年								罷武昌軍節度。
853 七年								
854 八年								
855 九年								
856 十年								

857 十一年							
858 十二年		淮南節度增領申州，未幾，復以申州隸武昌軍節度。	復置鎮海軍節度使。				
859 十三年			廢鎮海軍節度使，置都團練觀察使。				
咸通							
860 元年							
861 二年							
862 三年			置鎮海軍節度使。				

863 四年	864 五年	865 六年	866 七年	867 八年	868 九年	869 十年
淮南節度增領濠州。						濠州隸武寧軍節度。
				廢鎮海軍節度使。		
		升江南西道團練觀察使爲鎮南軍節度使。				

870	十一年			置鎮海軍節度使。				
871	十二年							
872	十三年							
873	十四年							
874	乾符元年						廢鎮南軍節度，復置江南西道觀察使。	
875	二年							
876	三年							
877	四年							
878	五年							
879	六年							

年							
880 廣明元年							
881 中和元年							
882 二年							
883 三年				升浙江東道觀察使爲義勝軍節度使。			
884 四年							
885 光啓元年							
886 二年							

887 三年				改義勝軍節度爲威勝軍節度。			
888 文德元年	龍州隸威戎節度。		置忠國軍節度使，治湖州。				復置武昌軍節度。
889 龍紀元年			置杭州防禦使。			復升江南西道觀察使爲鎮南軍節度使。	
890 大順元年							
891 二年							

892 景福元年	置龍劍節度使，領龍、劍、利、閬四州。		賜杭州防禦使號武勝軍防禦使。			升宣歙團練使爲寧國軍節度。	
893 二年			升武勝軍防禦使爲都團練蘇杭等州觀察使，尋廢。徙鎮海軍節度使治杭州。				
894 乾寧元年							
895 二年							
896 三年				改威勝軍節度爲鎮東節度。			

897 四年	置武信軍節度使，領遂、合、昌、渝、瀘五州。				升福建都團練觀察處置使爲威武軍節度使。		
光化 898 元年							
899 二年							
900 三年							
天復 901 元年							
902 二年							
903 三年						廢寧國軍節度使復爲都團練觀察使。	

904 天祐元年		廢舒、廬、滁、和四州都團練使，置光州防禦使。					
905 二年						置歙、婺、衢、睦四州都團練觀察處置使。	
906 三年	龍劍節度罷領閬州。						
907 四年							

校勘記

〔一〕升浙江西道都團練觀察使爲鎮海軍節度使　此繫於元和二年。舊書卷一一二李錡傳敍在德宗時。通鑑卷二三六繫於永貞元年二月，胡注據實錄，謂「云德宗、元和者，皆誤也」。

唐書卷六十九

表第九

方鎮六

	公元710 景雲元年
衡州	
黔州	
嶺南	
邕管	
容管	
桂管	桂州，開耀後置管內經略使，領桂、梧、賀、連、柳、富、昭、蒙、嚴、環、融、古、思、唐、龔十四州，治桂州。
安南	

711		712		713	714	715	716	717	718	719	720	721
二年	先天	元年	開元	元年	二年	三年	四年	五年	六年	七年	八年	九年

722	723	724	725	726	727	728	729	730	731	732	733
十年	十一年	十二年	十三年	十四年	十五年	十六年	十七年	十八年	十九年	二十年	二十一年

734 二十二年							
735 二十三年							
736 二十四年							
737 二十五年							
738 二十六年		黔州置五溪諸州經略使。					
739 二十七年							
740 二十八年							
741 二十九年							
天寶							
742 元年							
743 二年							

744	三載						
745	四載						
746	五載						
747	六載						
748	七載						
749	八載						
750	九載						
751	十載						置安南管內經略使，領交、陸、峯、愛、驩、長、福祿、芝、武峨、演、武安十一州，治交州。

752	十一載							
753	十二載							
754	十三載							
755	十四載		五溪經略使增領守捉使。		置邕州管內經略使，領邕、貴、橫、欽、澄、賓、嚴、羅、淳、瀼、山、田、籠十三州，治邕州。	置容州管內經略使，領容、白、禺、牢、繡、黨、竇、廉、義、鬱林、湯、岩、辯、平琴十四州，治容州。		
756	至德元載			升五府經略討擊使爲嶺南節度使，領廣、韶、循、潮、康、				

	757 二載	758 乾元元年
	置衡州防禦使，領衡、涪、岳、潭、郴、邵、永、道八州，治衡州。	衡州防禦使罷領郴州。
瀧、端、新、封、春、勤、羅、潘、高、恩、雷、崖、瓊、振、儋、萬安、藤二十二州〔一〕，治廣州。		置韶、連、郴三州都團練守捉使，治韶州。
		邕州管內經略使兼都防禦使，增領羅州。
		升安南管內經略使爲節度使。

759	二年	涪州隸荆南節度使。岳州隸鄂岳團練使。			升邕州管內都防禦經略使爲節度使。	容州管內經略使增領都防禦使。		
760	上元元年				廢邕州管內節度使，置都防禦經略使。	升容州經略都防禦使爲觀察使。		
761	二年	廢衡州防禦使。廢韶、連、郴都團練使，三州復隸嶺南節度。羅、潘二州隸邕管觀察使。						

762	寶應元年						
763	廣德元年						
764	二年	置湖南都團練守捉觀察處置使，治衡州，領衡、潭、邵、永、道五州，治衡州。			廢邕州管內都防禦使，以所管州隸桂管經略使。		置桂邕都防禦、觀察、招討、處置等使，增領邕管諸州。	改安南節度使爲鎮南大都護、都防禦、觀察、經略使。
765	永泰元年						
766	大曆元年						更鎮南曰安南。

767 二年							
768 三年							
769 四年	湖南觀察使徙治潭州。	置辰、溪、巫、錦、業五州都團練守捉觀察處置使，治辰州。					
770 五年				復置邕州管內都防禦使。		桂管觀察使罷領邕管諸州。	
771 六年							
772 七年							
773 八年				邕州管內都防禦使增領		罷桂管觀察使，以諸州隸邕管。	

					桂管諸州。	
774	九年					
775	十年					
776	十一年					
777	十二年		置黔州經略招討觀察使，領黔、施、夷、辰、思、費、漵、播、南、溱、珍、錦十二州，治黔州。			
778	十三年					
779	十四年					

780	建中元年					容管觀察使增領順、藤二州。		
781	二年					省平琴州。		
782	三年							
783	四年							
784	興元元年							
785	貞元元年		黔州觀察使徙治辰州，增領獎、溪二州。		邕州都防禦使罷領桂管諸州，增領瀼州。		復置桂管經略招討使。	
786	二年							

787 三年		黔州觀察使 復治黔州。					
788 四年							
789 五年							
790 六年							
791 七年						桂管經略使罷 領招討使。	
792 八年							
793 九年							
794 十年							
795 十一年							
796 十二年							
797 十三年							

798 十四年	799 十五年	800 十六年	801 十七年	802 十八年	803 十九年	804 二十年	805 永貞元年	806 元和元年
								嶺南節度復領潘、辯二州。
							省瀼、田、山三州。	邕州管內都防禦觀察經略使增領懷遠軍使。
								辯州隸嶺南節度。嚴州隸桂管觀察。省湯州。
								桂管經略使增領嚴州。

	1	2	3	4	5	6	7	8
					嚴州隸容管觀察使。羅州隸嶺南節度。			
807 二年								
808 三年			黔州觀察增領涪州。					
809 四年								
810 五年								
811 六年								
812 七年								
813 八年								
814 九年								
815 十年								

816 十一年							
817 十二年							
818 十三年							
819 十四年							
820 十五年				廢邕管經略使。			
長慶							
821 元年							
822 二年				復置邕管經略使。			
823 三年							
824 四年							

825 寶曆元年	826 二年	827 大和元年	828 二年	829 三年	830 四年	831 五年	832 六年	833 七年	834 八年	835 九年

開成	
元年	836
二年	837
三年	838
四年	839
五年	840
會昌	
元年	841
二年	842
三年	843
四年	844
五年	845
六年	846

	大中							
847	元年							
848	二年		涪州隸荊南節度，未幾，復隸黔州觀察。					
849	三年							
850	四年							
851	五年							
852	六年							
853	七年							
854	八年							
855	九年							
856	十年							

857 十一年							
858 十二年							
859 十三年							
860 咸通元年				邕管經略使增領容管十一州，尋皆罷領。	廢容管觀察使，以所管十一州隸邕管經略使，未幾復置，領州如故。		
861 二年							
862 三年			分嶺南節度爲東西道，改嶺南節度爲嶺南東道節度。	升邕管經略使爲嶺南西道節度使，增領蒙州。			

公元	年							
863	四年							
864	五年							
865	六年							
866	七年							升安南都護爲靜海軍節度使。
867	八年							
868	九年							
869	十年							
870	十一年							
871	十二年							
872	十三年							
873	十四年							

874	875	876	877	878	879	880	881	882
乾符元年	二年	三年	四年	五年	六年	廣明元年	中和元年	二年

年							
883 三年	升湖南觀察使爲欽化軍節度。						
884 四年							
885 光啓元年	改欽化軍節度爲武安軍節度使。						
886 二年							
887 三年							
888 文德元年							
88 龍紀元年							

890 大順元年		賜黔州觀察使號武泰軍節度。					
891 二年							
892 景福元年							
893 二年							
894 乾寧元年							
895 二年			賜嶺南東道節度號清海軍節度。				

年							
896 三年							
897 四年						升容管觀察使爲寧遠軍節度使。	
光化 898 元年			澂州隸武貞軍節度。				
899 二年							
900 三年							升桂管經略使爲靜江軍節度使。
天復 901 元年							
902 二年							

903 三年		武泰軍節度徙治涪州。					
天祐 904 元年							
905 二年							
906 三年							
907 四年							

校勘記

〔一〕升五府經略討擊使爲嶺南節度使領……恩雷崖瓊……二十二州 「恩」，各本原作「思」。按本書卷四三上及舊書卷四一地理志、唐六典卷三、通典卷一八四，嶺南道有「恩州」而無「思州」，據改。